人と絆の金融

よみがえる金融2.0

新田信行
Nitta Nobuyuki

一般社団法人 金融財政事情研究会

序　文

第一勧業信用組合の元理事長新田信行さんは、地域金融機関によるリレーションシップバンキングを長く慫慂してきた金融庁にとって最も頼りになる存在です。私も金融庁時代、新田さんのリーダーシップと情熱、打ち出す施策の独創性と自ら現場に立つ実行力、そして会った人を必ずや魅了する包容力とコミュニケーション力にはいつも感心していました。

理事長を退かれたあとも、新田さんの活動量は留まるところを知りません。地域再生を目指す全国各地の有志からお声がかかり、毎週どこかしこで講演されている。およそ地域社会のあり方に関心を持つ人で新田さんと接触したことのない人はいないのではないでしょうか。

そんな新田さんが書かれた本書は、「地域金融の教科書」の「決定版」といって過言ではありません。なぜそう思うのか？

第一に、よき地域金融マン（ウーマン）のあるべき姿を学べることです。各節の最初に挿入される、地域金融機関のとある支店を舞台にしたさまざまな登場人物によるやりとりを読んでみてください。常にお客さまに正面から向き合おうとする支店の日常が描かれていて、さわやかさを感じます。おそらく新田さんのメガバンク支店長時代には、こういう職場を作りあげていたのだろうと想像されます。

第二に、さまざまなアドバイスが理論と実践経験に基づくものであり、非常に説得力があることです。各節のテーマに関する新田さんによる解説（「タマさん's Comment」）を見てみてください。長きにわたる金融機関の本部と現場の経験により培われ、また膨大な読書量に裏打ちされた新田さんの「知恵」と「知見」が次々に展開され、実に多くを学ぶことができます。

そして第三に、取り上げられているテーマが地域金融の基本的な課題から先進的なものまできわめて広範囲にわたることです。具体的に見ていきましょう。

「第1章　支店経営と人事運営」はよき支店長、経営幹部を目指す人々に対してきめ細かく適切なアドバイス満載です。私のような金融行政の経験はあるものの金融実務を知らない素人にとってもこの章を読めば金融実務の要諦が理解できます。

「第2章」で取り上げる「事業性評価と本業支援」については、一〇年前に金融庁の行政方針で取り上げて以来、地域金融の現場では言葉ばかりが先行して必ずしも実が伴っていなかった領域です。本書では地域金融機関の融資業務において何が大切か、そして顧客企業との関わり方はどうあるべきかがじっくり論じられています。新田イズムの本領発揮です。

「第3章　地域創生と社会的金融」は新田さんの近年の活動を最も反映したパーツです。地

序　文

域金融機関が地域社会の一員として地方創生の一翼を担う、新しい地域金融機関の活動のあり様を提示しています。若手の職員がこれを読めば新たな挑戦の気持ちとワクワク感を抱くこと必至だと思います。

本書の登場により、新田さんと地域で活動される有志の方々との対話はさらにレベルアップしていくでしょう。そうした刺激に富む新田さんを囲む会に、ぜひ私も参加させてくださいね。

ソニーフィナンシャルグループ株式会社
代表執行役 社長ＣＥＯ
元金融庁長官

遠藤　俊英

まえがき

春はあけぼの。

コロナ禍も明け新しい朝を迎えました。人々は家を出て、新たな出会いが始まり、街にも活気が戻ってきました。旅行客は増え、飲食店やホテルもお客さまで賑わっています。もう少し時間軸の視野を広げると、私は新しい春の訪れを感じます。

今年は戦後八〇年。人が成人になるまでの約二〇年を一つの季節とすれば、戦後復興の春～経済成長の夏～バブル崩壊からの秋～失われた三〇年の冬。経済とお金に明け暮れた時代が変わろうとしています。

終戦のさらに八〇年前は、明治維新前夜にさかのぼります。明治維新の春～明治の勃興の夏～大正時代の秋～昭和の戦争の冬。政治と戦争の時代のように思えます。

政治、経済、と来れば次は社会でしょうか。次の八〇年は人と社会の時代を想像してみます。SDGsやESG、ソーシャルインパクトといった言葉が現れました。高度成長時代はカネとモノが不足する一方で、人が増えていましたが、今は逆に人が減少し、カネとモノは飽和しています。これからは、本来日本が有していた持続可能な共助の文化や精神が、現代的な形で生まれ変わって現れるかもしれません。

私は六五歳で金融機関の肩書から離れてから、北海道から九州・沖縄まで、毎週のように日本中を歩いてきました。各地域において、地域金融機関や行政、事業者の方々と対話を重ねていく中で、若い事業者たちのたくさんの新たな芽吹きを肌で感じていますが、その一方で、時代の転換の中で地域金融機関からのさまざまな悩みもお聞きしています。

業務推進や支店経営、人材教育や人事運用、不良債権や事業再生、創業支援や事業承継、地方創生や社会課題解決……。人的資本経営や事業性評価、本業支援と言ってしまえばそれまでですが、地域金融の現場においては、抽象的な概念を具体的にどのように実践していくかが難しいのです。魂は細部に宿るのです。

本書は、これらの現場での対話をまとめてみたものです。対話の対象は、経営者層から若手の職員にまで至ります。むろんやり方は一つではありませんし、ここに書かれていることがすべてだなどと言うつもりもありません。ただ、具体的な例をお示しすることで、さまざまな悩みに対して、何か一つでもヒントになることがあれば嬉しく思います。

現場をイメージしていただきやすいように、各節ごとにSCENEを入れてみました。これらはすべて私の創作で、実在の人物や組織と一切関わりはありませんのでお含みおきください。

新しい春を迎え、地域金融が固い殻を脱いで、より大きく羽ばたく一助に本書がなれば幸いです。

二〇二五年春

新田　信行

本書の各シーンは、ある地方都市の地域金融機関を舞台にしている。

登場人物

鈴木常務　現場経験豊かな支店担当役員
高橋支店長　審査部門から初支店長に発令
田中課長　支店の元気な営業課長
中村さん　入社三年目の支店営業担当者
小林さん　新入職員、窓口で勉強中
渡辺会長　日本料理店経営者、地元商店街振興組合の組合長
伊藤社長　機械部品工場経営者、商工会議所会頭
安藤社長　支店の営業エリアで赤字のホテルを経営
安藤新社長　安藤社長の息子。安藤社長のホテルの専務だったが、社長に就任して事業再建を担う

目次

第1章 支店経営と人事運営 1

第2章 事業性評価と本業支援 103

第1章

支店経営と人事運営

第1節

支店長の役割

SCENE 1-1

支店長の発令

四月、金融機関においても人事異動の時期である。支店長配属の辞令を受けた高橋さんは担当役員である鈴木常務の部屋を訪れる

高橋支店長 鈴木常務、支店長の発令をいただきました。

鈴木常務 高橋さんおめでとう。これまで審査部でご苦労さまでした。支店長は初めてだった

ね。

高橋支店長　はい。審査部が長かったため、支店勤務自体久しぶりです。

鈴木常務　私は幸い三か店の支店長をやらせてもらったけれど、支店長の仕事はやりがいがあるよ。言わば一国一城の主だからね。支店という中小企業の経営者だと思って私は支店長を務めていたよ。

高橋支店長　経営者ですか？　責任重大ですね。支店長の役割って具体的に何をすればよいのでしょうか？

鈴木常務　確か高橋さんはサッカー部だったね。たとえば、支店長はサッカー部の主将だと思ってみたらどうだろうか？

高橋支店長　学生時代はサッカーばかりやっていました。確かに今度着任する支店は職員二〇名くらいです。二〇名のサッカーのチームだと考えればいいですね。でも、監督ではなくて主将ですか？

鈴木常務　そうだね。君が支店の最強のプレーヤーだよ。チーム全体に目を配りながらメンバーの長所を組み合わせて強いチームを目指してください。期待しているよ。

高橋支店長　なるほど。なんとなくイメージがわいてきました。ありがとうございます。頑張ってみます。

場面変わって、高橋支店長が配属された支店にて

高橋支店長モノローグ 引き継ぎも終わり今日から独り立ちだ。まず支店の職員全員と一対一で面接をしてみよう。一人ひとりの長所を見たいし、悩みがあれば聞いてあげなくては。

高橋支店長 中村さんは入社三年目ですね。仕事はやりがいがありますか？

中村さん 私はミスが多くて、いつも皆さんに迷惑をかけています。最近ちょっと落ち込んでいます。

高橋支店長 最初から完璧にできる人はいないよ。前支店長からは、あなたは素直で楽しみな人材だと聞いているよ。

中村さん 本当ですか。これまであまり職場で褒められたことがありません。

高橋支店長 でも、この一年で自分はずいぶん成長したと感じませんか？

中村さん いろいろ研修で教えてもらっているのですが、自信を持ってできることがあまりなくて。

高橋支店長 それでは今年の具体的な目標はあるかな？

中村さん うーん。あまり具体的には考えていません。

高橋支店長 そうですか。今日はありがとう。また、お話ししましょう。

田中課長との面談

高橋支店長 田中課長、毎日ご苦労さま。いつも大きな声で、部下をリードしてくれているね。

田中課長 でも、前期の業績はあまりよくありませんでした。それから、部下の若手職員が一人退職してしまったのがショックでした。

高橋支店長 確かに若手の退職は全社的にも増えているんだ。どういう状況でしたか？

田中課長 いきなり今月辞めたいと言われて。慰留しましたが、ほかにやりたいことがあるとのことで。

高橋支店長 もっとこうすればよかったと思うことはありますか？

田中課長 数字数字と言いすぎましたでしょうか。あまりビシビシやるわけにもいかず、かと言って業績もあげなくてはならないし、今は正直悩んでいます。難しいですね。

高橋支店長 部下の中村さんはどうですか？

田中課長 事務ミスが多いですね。もっと指導しないと。

高橋支店長 彼の長所はどこかな？

田中課長　長所ですか。考えたことがなかったです。すぐには思いつきません。

高橋支店長　そうですか。人は誰でも長所があります。気がついたら褒めてあげてくださいね。

クマさん's Comment

私は40年以上にわたり、さまざまな立場から中小企業金融の本部や現場を経験してきました。だから、金融機関という組織の中のそれぞれのセクションの悩みは、だいたい理解できます。

金融機関においては、当然ですが、本部スタッフや役員が支店に常駐することはできません。したがって、中小企業に勤める社員たちの将来が社長の双肩にかかっているのと同じように、支店の部下たちの将来は支店長の手腕次第です。金融機関の支店長は支店という中小企業の社長と言ってもいいでしょう。

では、支店長はどのような心構えで支店運営に臨むべきでしょうか。私は高校、大学を通じて水球部に属して、キャプテンを務めていました。まさに典型的な体育会系の人間です。それだけに支店運営で考えていたのは「支店はチームだ」ということです。

言うまでもなく、人間は統一された規格で生産されるロボットではありません。

個性があり、長所と短所、得意と不得意があります。プレーヤー全員に同じ行動を求めたとしても、できるわけがないし、その必要もありません。プレーヤーの個性、特性を踏まえてポジションを与え、各プレーヤーがその役割をきちんと果たしたときに強いチームが生まれます。そして、支店長はチームの監督ではなく、キャプテンです。管理野球の監督のように支店長席に座っているばかりではなく、最強のプレーヤーとして積極的にお客さまと接していかなければなりません。

したがって、支店のそれぞれの担当者の強みが生かせるフォーメーションを考えることは支店長の仕事です。ところが、背丈があってヘディングに強いものの、走るのが遅いという選手に対して「なぜ、君は走るのが遅いのか」と叱っている、そんなチグハグなことが支店で行われていないでしょうか。部下たちにノルマを課して、自分は何もせずに部下たちに向かって「実績を獲得できるまでは支店に帰ってくるな」と檄を飛ばす。部下は悩み抜いたあげくに、ノイローゼになったり、あるいは退職したり……。

入社二、三年目の若手職員にどの程度の仕事ができるのかはわかります。まだ経験が浅くて、ノウハウ、知見も十分ではない人たちに取引の成約を命ずれば、取引先を訪れてコメツキバッタのように頭をペコペコと下げ続けて、「どうか、これを買ってください」というお願いセールスをするしかありません。それをわかっていながら、「何事も経験である」などと言って、若手に丸投げするのは罪な話です。支店長はお客さまから呼び出されて「君のところはどういう指導、教育をしているのか」とお叱りを受けることになります。

そこで、こう言ってみるのはいかがでしょうか。「君たちがまずやるべきことはお客さまと仲良くなることだ」と。では、仲良くするにはどうすればいいのでしょうか。そう尋ねられたら、「顧客である取引先の社長、会社のことに関心を持ち、そして、その素晴らしいところを見出して褒めることだよ」と答えたいと思います。

褒めるという表現が誤解を与える可能性があるならば、次のように表現を変えましょう。社長、会社のよいところを聴き取るように努める、と。人の気持ちを動かすのは、知識の豊富さ、セールスのうまさなどではありません。相手が自分を理解しようと思っている、あるいは理解していると感じたときにこそ、人の気持ちは動きます。自分が誇れると思っていたことを理解してもらったときにはなおさらです。

近年、金融機関でもノルマ主義からの脱却が叫ばれるようになりました。監督官庁である金融庁もしばしば、ノルマ主義を問題視するようになりました。しかし、今あるものを捨てるだけであれば、中身は空っぽになってしまいます。肝心なのは個人別のノルマ主義にかわる何かを支店経営に埋め込んでいくことです。それがチームプレーという原則に基づく支店運営なのです。

第2節
自分の居場所

SCENE 1-2
朝礼

五月、高橋支店長が鈴木常務の部屋を訪れる

高橋支店長 鈴木常務、支店長に着任して一か月がたちましたので、報告に参りました。

鈴木常務 高橋支店長ご苦労さま。いかがですか？　何か気がついたことはありますか？

高橋支店長 支店全体にあまり元気がありません。前期は業績もよくなかったようですし。あ

と、若手の職員が退職したのも影響しているようです。

鈴木常務　職員の皆さんとはお話されましたか？

高橋支店長　はい。全員と一対一で面接をいたしました。いろいろな悩みがありますね。

鈴木常務　職員の皆さんは職場に自分の居場所があると感じてくれていますか？　チームワークはいかがですか？

高橋支店長　居場所ですか？　職場は仕事をするところだと思いますが。

鈴木常務　人には皆、社会的欲求があると思うんだ。私も支店長時代、部下が続けて退職したことがあってね。その時、退職した職員は職場に居場所があったんだろうかと自問自答したんだ。

高橋支店長　常務でもそのようなご経験があったのですか。確かに支店のみんなは、自分が支店というチームの一員だと感じてくれているのだろうかと不安です。サッカーのチームの主将の気持ちでと言われたわけがわかりました。

鈴木常務　高橋さんの明るい人柄に期待しているよ。それから、人には承認欲求もある。誰でも人から褒めてもらいたいんだ。部下の長所を見つけて、たくさん褒めてあげてください。

高橋支店長　はい。職員のチームワークを深め、ミスは互いにカバーし合い、いいプレーはお互いに褒め合えるような雰囲気にしていきたいです。

場面変わって、支店にて

高橋支店長モノローグ まず支店の雰囲気を明るくするために、朝のルーティーンから変えてみよう。朝の挨拶は私から率先して大きな声で行おう。朝礼では私の訓示は短く。担当者から、よかったことなどをできるだけ話してもらおう。

高橋支店長 中村さんおはよう。

中村さん 支店長おはようございます。

高橋支店長 元気のいい挨拶だね。今日の朝礼で一言話してくださいね。

朝礼にて

中村さん 皆さんおはようございます。昨日、取引先の伊藤社長から、窓口の小林さんの明るい応対がよいと褒めていただきました。小林さんありがとうございました。

小林さん 本当ですか？　嬉しいです。

高橋支店長　中村さんのことも、商店街の皆さんが、フットワークがよいと褒めてくださっているよ。いつもご苦労さま。
お客さまはよく見てくださっているね。みんな今日も笑顔で頑張りましょう。

朝礼後の会話

高橋支店長　田中課長、最近はどうですか？
田中課長　今までは朝礼でみんな下を向いて黙っていたのですが、この頃は若い担当者がどんどん声を出すようになりました。あと、お互いのことを褒め合う言葉が増えて気持ちがいいです。
高橋支店長　中村さんはどうですか？
田中課長　彼の長所を考えてみたのですが、あのフットワークのよさは素晴らしいですね。お客さまへの訪問件数はいつもトップクラスです。
高橋支店長　あの動きの速さは、当店の強みになるね。ところで、本人は事務ミスが多いと気にしていたけれどどうですか。
田中課長　最近はあまり気にならなくなりましたね。皆でカバーすれば大丈夫です。欠点ばかり注意するより、長所を伸ばしてあげるほうがいい結果になりますね。

高橋支店長　田中課長のリーダーシップも当店の強みだね。

田中課長　支店長、ありがとうございます。

クマさん's Comment

金融機関の方々から人事の悩みについて相談を受けることが多くなりました。採用が難しくなった、若手の退職が多い、うつ症状の職員が増えた、服務規律違反事件が発生したなどの人事上の課題は今や最大の経営課題と言ってもいいかもしれません。

私は、地域金融の仕事は地域のために必要なやりがいのある仕事だと思いますし、もし自分が若返ってもう一度就職の選択をするとしても、また地域金融の仕事をしたいと思っているだけに、こうした状況には寂しい思いがします。もし金融の仕事に就いていなかったら、たくさんの素晴らしい社長とお会いすることもなかったし、さまざまな業種や地域とのつながりを得ることもありませんでした。今の私があるのも、金融という仕事のおかげだと思うのです。

さて、アメリカの心理学者アブラハム・マズローは、人間には五段階の欲求があると唱えました（図表1－1）。これは金融機関に勤める人にも当てはまります。

一番目は「生理的な欲求」、二番目は「安全への欲求」、そして、三番目が「社会的欲求」です。「社会的欲求」は自分の居場所への欲求と言い換えることができます。職場に自分の居場所があるかどうか、あるいは、居場所があると実感できているのかどうか。その実感が希薄であると、社会的欲求を満たせていないということになるわけです。さらに、四番目は「承認欲求」です。誰かに認めてもらいたい。職場で言えば、仕事を通じて上司や顧客から認められると満足感が得られます。

さて、ここで自省してみます。私は上司として、部下の社会的欲求と承認欲求を満たしていただろうか。職場で居場所も与えず、適切に褒めることもしないでいながら、「辞められては困る」と思っていたのではないか。そして、さらに最後の「自己実現の欲求」です。仕事を通じて自分自身を表現でき、自己実現を図れていたら、それは素晴らしいことです。もはや、退職したいという気持ちに駆られることはないでしょう。

地域金融機関の営業現場の最前線の多くは、二〇

図表1－1　自己実現理論

欲求の5段階説	
1	生理的な欲求
2	安全への欲求
3	社会的欲求
4	承認欲求
5	自己実現の欲求

代の職員たちが担っています。大学を出てから間もない人たちです。そんな彼らを一人前の銀行員として育てていくためには、何よりも、長所を見出して、それを褒めていかなければなりません。そうしないと、育たないからです。

ところが、自分は部下の短所を問題視して、その改善ばかりを求めてしまってはいなかっただろうか。しばしば「減点主義」と言われますが、まさに減点主義で部下の短所をことさら問題視する傾向がないでしょうか。これでは、せっかくの長所を伸ばすことができず、短所が是正された平均点の人間ばかりができかねません。あるいは、長所を褒められずに短所ばかりを指摘されていると、そこで働く意欲をそがれる可能性が高まります。

ある地域銀行の研修の場で、私が自分らしくということについて述べた際、この銀行の幹部の一人から「『自分らしく』がわからない」という意見を受けました。私は驚きましたが、よくよく考えると、減点主義的に短所ばかりに着目されて、その是正を求められてばかりいると、次第に自分らしさがわからなくなってしまうのかもしれません。

私は人の短所ではなく、課題を見つけて、長所を伸ばす指導ができたらと思います。課題は長所の隣にあります。たとえば、足が遅くポストプレーの得意な選手には、足が遅いと叱るのではなく、得意なポストプレーを磨くための課題を設定するのです。そして、課題を改善し、長所を伸ばしてあげるのが部下の育成です。

これを、朝礼や夕礼の場でルーティーン化していきます。たとえば、朝礼の場で支店長が若手に対して「君は保険商品に詳しかったね。今日、A社の社長のところに行って経営者保険の相談に乗ってほしい。社長はちょっと思案していたから」と声をかけたらどうでしょうか。若手は、自分の得意分野を支店長に知ってもらっているということを知り、それを生かす機会を与えられて、やる気が起きるはずです。そして、若手がその日に実際にA社を訪問して、社長に喜んでもらえたら、夕礼でそれを褒めるのです。

取引先のお褒めの言葉も部下の長所を伸ばしてくれます。たとえば、取引先を訪れた時、取引先の社長が「担当のB君は街の掃除イベントには必ず参加して、一生懸命にやってくれる」と褒めてくださったら、それをB君に伝えて、「君、頼りにされているよ」と評価してあげることです。ところが、営業目標の達成ばかりを考えていると、顧客からのこのような話は頭に残らず、数字の達成ばかりを命じることにもなってしまいます。

第3節

日々の業務運営

SCENE 1-3

夕方の場面

ある日の夕方、支店にて

中村さん 高橋支店長、大変です。

高橋支店長 中村さん、どうした?

中村さん 事務ミスで伊藤社長に叱られてしまいました。

田中課長　何があった？　最初から詳しく説明して。
中村さん　指定日に振込ができなくて……。
高橋支店長　細かい話は後だ。まずお詫びが先だ。私が行こう。中村さん、すぐ出られるかな。
中村さん　え？　支店長が行ってくださるのですか？
高橋支店長　お詫びは早いほうがいいからね。

伊藤工業の社屋にて

高橋支店長　伊藤社長、今日はご迷惑をおかけしました。申し訳ありません。私が責任を持って対応いたします。
伊藤社長　支店長がすぐに来てくれるとは。かえって恐縮してしまうよ。私もこれで安心だ。この動きの速さはさすがだね。中村さんもいい上司を持ったね。

伊藤工業からの帰り、中村さんが運転する社用車内にて

中村さん　事務ミスをしてかえって褒めてもらえるなんて。支店長、助かりました。

クマさん's Comment

高橋支店長 名選手でもミスはある。そのときはチームでカバーだよ。

朝礼が仕事の開始であれば、夕礼は一日の仕事の締め括りです。その日の業務の締め括り方は重要なことです。従来の金融機関の営業店では毎日、「勘定合わせ」という作業がありました。現物と勘定が無事に合えば、「一算ごめい」でその日の勘定合わせは終了です。しかし、現金が足りなければ、みんなでドタバタと足りない現金を探すことになります。

現物と勘定とともに、もう一つ重要なのが、悪い情報の報告と共有、そして初動対応です。さまざまな職場で「ほうれんそう（報連相）」の重要性が叫ばれていますが、そのポイントは、悪いことを直ちに口頭で共有することです。悪い出来事が生じた際には、担当者はその日のうちに上司、支店長にそれを伝えないといけません。裏返せば、支店長は担当者たちに「取引先の社長に叱られたり、苦情を言われたりしたら、叱らないから、私にその日のうちに伝えるように」と繰り返し伝えて、「ほうれんそう」を習慣づけることが必要です。

火事が起きたら、まず火事だと叫び、火を消しにかからないといけません。火事の原因分析は火を消してから行えばよいのです。とにかく、毎日その場で問題を完結させることです。担当者たちは問題が完結しないと、帰宅しても胃が痛むような暗い気持ちになるでしょうし、お酒を飲んでも気分は晴れないはずです。悪い出来事の持ち越しは百害あって一利なしです。

部下たちがつらいことでもきちんと報告しようと考える状況を作るために、コミュニケーションの場としての朝礼、夕礼の運営が大切になります。また、支店長は部下の日頃の仕事ぶりをきちんと見ないといけません。そして、部下がふさぎ込んでいたら、「元気ないね、どうしたの?」などと声をかけてあげるのです。

では、部下が「すみません。実はこういうことで取引先の社長が怒っています」という報告をしたとき、「バカヤロー!! 君がもう一度お邪魔して謝ってこい」と突き放して叱り飛ばしたらどうでしょうか。部下である担当者は、自分が謝っても収まらなかったからこそ報告しているのです。おそらく、この担当者やその光景をはたで見ていたほかの担当者は、次に取引先との間で問題が生じても報告する気にはならなくなるでしょう。

これに対して、「そうか。解決策を一緒に考えよう」、状況次第では「私も一緒に説明、お詫びに行こう」などと言えば、担当者はほっとしてやる気をよみがえらせますし、その様子を見ていたほかの担当者も同じようなトラブルがあったら自分も支店長に相談しようと思うでしょう。また、問題が生じたら、みんなで解決するという意識が浸透して、職員には連帯感と感謝の気持ちがわくことになるでしょう。

若手職員は業務のノウハウに乏しいだけに、自分にとって誰が頼りになるかということには敏感です。仕事をすれば、誰でも失敗することがあります。失敗をカバーするのが上司、支店長の役割にほかありません。また、失敗は成長のチャンスでもあります。対処の仕方を部下に見せることによって、部下は「そうか、こうやって頭を下げるのか」「こうやって問題を収拾させるわけか」と学ぶことができます。

とにかく支店では、営業現場で起きた出来事をみんなで笑ったり泣いたりして分かち合うことです。そのために日次ベースの「締め」をきちんと定着させて、問題が発生しても深刻化させないようにしていかなければなりません。そうなれば、支店の雰囲気も明るくなります。明るい支店ほど職員は一丸となり、チームプレーも定着するという好循環が得られます。日次ベースの締めはチームプレーの土台なのです。

第4節 週単位での目標設定

SCENE 1-4 常務の臨店

七月、鈴木常務が支店を訪れる。今年度初めての臨店である

鈴木常務 高橋支店長が着任して三か月か。久しぶりに臨店してみたら、ずいぶん支店の雰囲気が明るくなってきたように感じるよ。特に、朝礼や夕礼で若手担当者が元気に発言しているのがいいね。

高橋支店長　ありがとうございます。でも、業績的にはまだまだです。目標未達の項目も多く、このままでは今期も業績が下位になってしまいます。

鈴木常務　日々の忙しさに流されていませんか？　意図を持って支店経営をできていますか？私は支店長時代、毎週テーマを決めて支店運営をしていたけれど、参考になりますか？

高橋支店長　毎週ですか？

鈴木常務　そう。たとえば、来週のテーマはＮＩＳＡとする。テーマを決めたら、全員がテーマの見込み先を中心に一週間分の訪問予定表を作成するんだ。

高橋支店長　一週間分まとめてですか？　今は毎日、訪問予定表を作っています。

鈴木常務　それだと日々の忙しさに追われて、テーマが見えなくなってしまうだろう。一週間であれば突発的な来客などがあっても、取り返すことができる。また、支店長、課長も含めて全員が同じテーマで予定表を作ることで、支店長の得意なチームプレーもやりやすくなると思うよ。

高橋支店長　確かに。担当者だけでは厳しい先も、帯同訪問も織り交ぜれば効果的ですね。早速やってみます。

高橋支店長は週間目標・行動予定表の作成、実行を試みた。その最初の週の金曜日の夕方

高橋支店長　今週はＮＩＳＡの推進、ご苦労さまでした。中村さん、いい情報がたくさん取れたね。

中村さん　はい。まだＮＩＳＡをご存じないお客さまもいらっしゃって、丁寧にご説明したら喜んでいただけました。

高橋支店長　ありがとう。いい仕事をしたね。

同日の夕礼にて

高橋支店長　さて、皆さんご存じのように、今週は為替が大きく動きました。お客さまによっては不安に思われている方もいらっしゃると思います。来週は、為替の変動の影響の大きい投資信託をお持ちのお客さまを中心に訪問しましょう。中村さんの担当先は難しいお客さまも多いから、水曜日の午後は私と帯同訪問しましょう。為替の動きについてこれから簡単に勉強会をします。質問があったら遠慮なく聞いてくださいね。

支店の業務運営にはコツがあります。一例を紹介しましょう。
多くの金融機関の支店では、営業の担当者たちに毎日、外訪予定表を記入させていると思います。そこには訪問先の名前だけではなく、何を提案してくるかとか、何を売り込んでくるという目的まで書き込んでいます。そして、毎日、目的が果たせたかどうかをチェックし、目標の達成率をトレースします。

この日次の外訪予定表をやめて、週次の行動計画表に切り替えてみたらいかがでしょうか。毎週、支店全体で「今週のテーマ」を設定し、担当者はそのテーマに沿って、その週にどの顧客を訪問するかを決めます。営業担当者だけではなく、課長や支店長を含めた支店全員でその週のテーマのもとで何をするかを決めるのです。

そして、同じテーマのもとで支店全体が動いて、一週間が経過すると、金曜日には週内の総まとめを行います。その中で、「こんな話がありました」という報告があるはずです。それを受けて、翌週のテーマを話し合って決めていきます。

金曜日夕方に翌週の行動予定表を作成していると、「そう言えば、君の担当先にはこんなお客さまがいたね」という会話が生まれます。「あの会社の社長は君一人で大丈夫なのか」という問いかけから、課長や支店長が「であれば、私も一緒に訪問しよう」とか、「週明けに私が訪問して下地を作っておくから、君は水曜日にお邪魔しなさい」「週明け、とりあえず君が訪問して様子を見てきてほしい。木曜日、私が行くから」など、チームプレーによる取組みにつながっていくわけです。

週次ベースの行動予定を共有し、そこで自分の役割が明確化されれば、担当者は自分が職場で何を期待されているのかがわかります。居場所があると思えるわけです。また、週の終わりに行う報告の場で、その取組みが褒められれば、嬉しくなるでしょう。そうなれば、週末もリフレッシュでき、翌週もまた頑張る気になるのではないでしょうか。私は支店長研修などの場で必ず、「週に一度、部下を褒めていますか」と尋ねて、部下を褒めることを勧めています。週次の行動計画は、部下を褒める機会づくりと言ってもいいでしょう。

「今日はこれをやろう」と思っていても、突然、顧客からクレームが入ったり、本部からさまざまな指示、要求が飛んできたりします。業績不振が続いている取引先の社長と面談する必要性が生じることもあるでしょう。そのような用件に押し流されず、支店全体を着実に動かして部下の意欲を高める仕組みとして週次の行動計画は有効です。

私が大学で水球部のキャプテンを務めていた時、毎週土、日曜日は他校との試合があったので、月曜日から金曜日までは次の試合に備えて練習メニューを考えていました。たとえば、次の試合の相手の選手は全員、泳ぎが速かったら、こちらはみんなでゴールを固めて、チャンスが到来したら一挙にカウンターアタックに出る練習を重ねました。週次予定設定によるチームプレー方式はそれを応用したにすぎませんが、その効果はてきめんでした。

一年は五二週ほどあります。やろうと思えば、いろいろな課題に取り組むことができます。意図を持って毎週、何に取り組むかを考えて行動するのと、意図を持たずお客さまをランダムに訪問するのとでは、成果に大きな違いが生じます。プレイングマネジャーとして、私が最も重視していたのは週次予定の設定でした。

第5節

月締めのリスク管理

SCENE 1-5

お客さまのクレーム

日中、顔見知りのお客さまCさんが高橋支店長を訪れる

Cさん　支店長、先月小林さんにお願いした相続の手続だけど、どうなっているの？　いつまでかかるんですか？

高橋支店長　申し訳ありません。すぐ確認いたします。

高橋支店長、小林さんを支店長室に呼ぶ

高橋支店長　小林さん、Cさんから相続関係の書類をお預かりしていますか？
小林さん　すみません。お預かりしています。
高橋支店長　いつお預かりしたの？
小林さん　もうひと月以上前になります。
高橋支店長　今はどうなっているの？
小林さん　不足している書類があるのと、やり方もわからなくて。まだそのままです。

高橋支店長、田中課長を支店長室に呼ぶ

高橋支店長　田中課長、長期末処理の重要物はありますか？
田中課長　あ、いけない。小林さんが窓口で受付した、相続関係の書類が一件あります。
高橋支店長　お客さまが困っておられます。小林さんに手続を教えて、すぐ対応してください。
高橋支店長モノローグ　これは小林さんばかりを責められないな。せめて、先月末の時点で対応していれば。

日次の締めによる「ほうれんそう」管理と週次の行動管理の重要性を説明してきましたが、この二つに頑張って取り組んでも、残念ながら「落ち」はありえます。それを把握して対処する最後の砦が月次、つまり月末の締めです。金融機関によっては管理月報を策定し、その中に未処理事項などを記載するようにしています。

月末の締めで未処理案件がどういう状況にあるのか、なぜ残ってしまったのかを確認し、課長職に「遅くても翌月一〇日までに対処するように」などと指示します。担当者とその上司である課長に問題を解決する力がなければ、支店全体のチーム力で解決する必要があります。たとえば、相続問題については個人担当の女性職員が豊富な経験を持っているかもしれません。その職員が担当ラインではなくても、支店長は「君、この案件にかんでくれよ」と声をかけていきます。

もちろん、チームには支店長も加わります。支店長は顧客に依頼することがあればお願いし、お詫びする必要があれば頭を下げる。本部との折衝もすることになります。支店長は本部に対して最も顔が利く人であるはずですが、力のない支店長ほど部下に対して「君が本部に行って説明してこい」となります。これでは支店長失格と言わざるをえません。

ただし、支店の仕事のすべてを支店長自身の手で行うことはできませんし、それが望ましいことでもありません。「軽重緩急」という言葉がありますが、重大な結果につながりかねないこととそうでもないこと、急ぎでやらなければいけないこととゆっくりでいいことを区別し、物事に優先順位を付ける必要があります。支店長には「鳥の目」が求められます。森全体を見て自分が見る木と部下に任せる木を区別し、全体最適を目指すと言ってもいいかもしれません。

私が初めて管理職になった時、なんでも自分でやろうとして大口融資先の経営悪化を見逃し、支店長に厳しく叱られたことがありました。そこで反省し、優先順位を付けて自分がやらなくてすむことについては、部下に任せるようにしました。優先順位を付けるにあたって大事な考え方は、「自分が謝ればすむような問題は部下に任せていい」ということです。逆に自分が謝ってもすまないような問題は自分自身が直接関与すべきです。

また、部下に仕事を任せるにあたっては、一〇〇点満点を要求しないこと、そして、任せると言っても、常に部下を自分の監視下に置くことが重要です。部下は自分よりうまくできないかもしれないし、時間がかかるかもしれませんが、余計にかかる時間を織り込んで早めに指示を出し、「謝らなくていい程度の出来ならＯＫ」と割り切るべきです。ただし、何か問題が起きたら直ちに自分が出動して事態を収拾する覚悟を持っておかなければなりません。

月次の締めは、部下に任せた仕事がどのような状況になっているかを確認する機会でもあるわけです。一か月くらいのスパンで状況を確認しておけば、問題があったとしても事態を収拾することができるケースが多いはずです。私の場合、この辺の勘所をつかんでから、金融機関の中で役職があがっても仕事が楽になってきました。

いずれにしても、金融機関の仕事はコソコソとやってはいけないものばかりです。失敗や問題を隠そうとすると、事態は悪化するばかりです。最後は不祥事にもつながりかねません。支店は風通しのいい職場でなければなりません。日次、週次、月次のチェックと、一人ひとりの職員に対する目配りが大切です。職員がオロオロしていたり、ヒソヒソと談話していたり、悩み込んでいたりしていないか、一人ひとりの挙動を見て、挙動がおかしい職員には声をかけることが必要でしょう。

第6節

新規開拓

SCENE 1-6

中村さんの悩み

田中課長 中村さん、なんだか元気がないけれど、どうしました？

中村さん 田中課長、新規開拓はどのようにしたらよいのでしょう？ 商店街で飛び込みセールスをしていたら、「忙しいからあとにして」と冷たく言われて。

田中課長 そうだね、まず既存のお客さまともっと関係を深めたらどうだろう？

中村さん 課長、今新規獲得のお話をしているのですが。

田中課長　だから、既存のお客さまを大切にするんだ。中村さんのいい評判は商店街ですぐに広まると思うよ。たとえば、商店街の組合長の渡辺会長に何かできることはないかお聞きしてみてはどうかな？

中村さん　あ、早速伺ってみます。

田中課長　渡辺会長が、自分の大切な友人に、安心して中村さんをご紹介してくださるようになれたらいいね。既存のお客さまからの紹介が、いちばん優良な新規取引になりやすいよ。急がば回れだね。

金融機関にとって、新規先の開拓が重要であることは言うまでもありません。しかし、そのための戦略を見ると、往々にして的外れなことが行われているように思えます。たとえば、カードローンのキャンペーンのためにチラシを作って街中で配布しているようなケースがあります。これは効果的でしょうか？

私はそれより、既存のお客さまを徹底的に訪問して、そのニーズに応えるように頑張ったほうがよいと思います。そして、「金融機関はノーが原則で、イエスは例外」と言われる態度を改めて、どうしたらお客さまのニーズに少しでもお応えできるか検討してみることです。これこそ新規顧客の開拓の王道と言えるでしょう。汗をかくのを嫌がり、労を惜しむのではなく、「イエス」と言えるように力を尽くすことが大切です。

例をあげましょう。ある支店に赤字の取引先から一〇〇〇万円の借入申込みがありました。担当者が「さすがに無理ですよね」と報告してきたので、支店長は「ゼロ回答はしたくないので、せめて一〇〇万円だけでも社長個人に融資してみないか」と提案したそうです。それを聞いて担当者は驚きました。支店長は「一〇〇万円ならば、社長は個人として返済できるだろう」と説明したそうです。

この場合、社長は親身に相談に乗ってくれたと感じ、この話は地域に伝わるでしょう。それは「あの金融機関はそこまでやってくれる」という地域へのメッセージになります。

他の金融機関から貸し渋りを受けて困っている事業者が地域の有力者に「私の話を聞いてくれる金融機関はないでしょうか」と相談することは少なくありません。その際、有力者は日頃の噂や評判を耳にしていれば、「門前払いのようなことはせず、少なくとも親切に対応してくれる」という判断から、「あの金融機関に行ってみなさいよ」とアドバイスするでしょう。地域金融機関と地域の有力者の間には、そんな関係性があります。実際に金融機関がそのように対応すれば、有力者の顔が立つことにもなります。

こうした積み重ねを通じて、既存顧客による新規顧客の紹介というルートができあがっていきます。最も安全であり、質のよい顧客が得られるルートと言えるでしょう。金融機関側でも、紹介者はよく知っている人物です。有力者であれば、地域における自分の信用が傷つきかねないような人を紹介することには慎重になるはずです。

新しいお客さまを獲得する早道は、当店のファンである既存のお客さまを増やすことです。ファンは新しいお客さまを当店に連れて来てくれます。自分が当店と取引をして幸せになったので、知り合いにも当店と取引をさせて、自分と同じように幸せになってほしいと思うからです。それがファンの心理です。新しいお客さまは当初は一見客ですが、当店との取引に満足すればリピーターになり、やがてファンになって知り合いを当店に紹介してくれるでしょう。

第7節 ノルマと目標

SCENE 1-7 下期の目標を巡って

高橋支店長 田中課長、上期はお疲れさまでした。

田中課長 支店長、ご指導ありがとうございました。支店の雰囲気もだいぶ明るくなってきました。業績も上向きですが、あと一歩で表彰に届かなかったのが残念です。

高橋支店長 みんなよく頑張ってくれたと思うよ。下期は表彰が取れたらいいね。

田中課長 はい。でも本部から来た下期の目標の数字はかなり大きいです。これを一人当たりに割ると大変な数字になります。みんなやる気をなくしてしまわないか心配です。

高橋支店長　私は、ノルマは好きではありません。ノルマとはロシア語で奴隷労働のことだそうですね。皆さんは大切なチームメートで、奴隷ではありませんから。まず、チームとしての自主目標を一緒に考えてみましょう。

田中課長　自主目標ですか？

高橋支店長　はい。まず担当者一人ひとりに個人目標を考えてほしいのですが、それに加えて、私や課長、さらに鈴木常務の力も加えてチームプレーでの得点もありますね。個人プレーでの一人一点の積み上げだけではなく、二人で三点、三人で五点といったフォーメーションも考えてみましょう。

田中課長　やっぱり支店長はサッカー部ですね（笑）。

クマさん's Comment

銀行などが支店経営の柱として踏襲してきたのが「割り算主義」です。異なる表現をすると、パー・ヘッド（一人当たり）、パー・デイ（一日当たり）という発想です。この割り算論にこそ、ノルマ営業の深層があります。

たとえば、ある支店に本部から六〇〇件の投信獲得という営業目標が与えられたとします。支店に五人の担当者がいたら、一人当たり一二〇件。さらに、期間は六か月とすると、六で割って一人当たり・一か月当たり二〇件です。一か月は二〇営業日。一日当たり一件となります。そこで、支店長はこう命じます。

「毎日、一件獲得するまで支店に帰ってくるな！」

ノルマの原型です。私の世代が若かった頃、これが現場の常識でした。実に単純なことをやっていたわけです。ちなみに、この方式が業績面のエンジンとしてフル回転していた時、人材育成面で唱えられていたのは根性論でした。若手ながら「これは変だろう」と考えていたものです。割り算論は、サッカーで、フォワードからディフェンダー、さらにゴールキーパーにまでシュートを一本ずつ決めろと言っているようなものです。これはありえない話なのです。

もちろん、こんな単純な方法がいまだに続けられているとは思いたくありませんが、かと言って、この発想から脱却できているのかどうか。この点はきちんと振返ってみる必要があるでしょう。多くの金融機関では本部から半期ごとに営業目標が支店に下りてきます。経営管理上、営業目標がまったく存在しないという組織は少ないと思えます。

そこで重要となるのが、営業目標を課された営業現場、多くは支店の運営のあり方です。営業目標が課されたとき、支店長はどのように対応するべきなのでしょうか。かつてのような割り算方式による配分ではだめだと思います。では、どうするのか。

まずは「とりあえず、本部からの営業目標は私が預かる」という姿勢を示すことが大切です。そして、部下には「ところで、今期、君はどのくらいやりたいか」「どのくらいできるのか」と尋ねます。つまり、本部から課された目標を上の立場から一方的に課すのではなく、あくまでも目標を自己申告するような流れを作っていくわけです。

そうすると、「このくらいはできるかもしれない」という話になるはずです。ただし、これで「そうか」と話し合いを終えてはいけません。ここからが肝心です。支店長は「それはどのような根拠に基づいているのか」と確認し、深掘りしていきます。「D社ともっと親密になります。そうすれば、こちらは提案もでき、受け入れてもらえると思います」というような答えが返ってきたら、支店長は「では、私も全面的に協力するから頑張ろう」と肩をたたけばよいでしょう。

達成できるか否かという問題の前に、とにかく自己申告のプロセスを踏んで、仮にその内容が突飛であれば、それを諫めることも必要です。いずれにしても、他人に命じられたという受け身、他人事のような位置づけにしてはいけません。担当者一人ひとりが自分事として考えることが大事です。これは従業員エンゲージメントの向上にも資するプロセスであり、同じ数字であっても、それがノルマか目標かを分かつ鍵になります。

それでは、目標額としては、どの程度が妥当なのでしょうか。感覚的ではありますが、各自が達成できる数字に一～二割を加えたレベルはいかがでしょうか。「そんなことわかるのか」と疑問視されるかもしれませんが、支店長たるもの、部下の能力を判断できないといけないし、自分が協力すればある程度の上乗せも可能であるという見込みも成り立つと思います。

自己申告は、達成の確実性という観点から必要であるだけではありません。そのレベルを超えて無理やりに強要すると、部下は痛むし、はなから達成することを諦めてしまうこともあります。部下が強引にやってしまうと、顧客まで痛むことになります。あるいは顧客との関係が壊れて、「出入り禁止」になってしまいかねません。部下の教育、顧客との関係強化という支店経営の本来の目的から遠ざかる結果になるのです。

支店のキャパシティは限りがありますから、どの分野にどの程度のエネルギーを配分していくかを考えて、最大限の成果をあげることが支店長の役割です。そのためには数多くの目標項目の中から「今期、絶対に達成できる」と思える項目、あるいは「達成してみたい」項目を選び出し、そのような項目については本部目標以上の目標値を設定する一方、逆に「無理にやっていくと支店経営をゆがめて、後々問題を引き起こす」ような項目については、現実的な目標を考えて、本部と対話してみてはいかがでしょうか。

営業エリアの特性を自分なりに分析し、本部から課された営業目標を素材として自分流の目標を作っていくのです。それをベースに置いて部下に自己申告させたうえで、「これだったら達成できると思うので、一緒にやっていこう」と説明する。そうすれば、部下たちは納得して「やっていきましょう」という気持ちになります。たとえば、数多い項目の中から選び出した三項目は「全店ベースでナンバーワンになろう」と呼びかければ、部下たちは共鳴して応じてくれるでしょう。

部下にとって、目標の設定には行動計画を自ら立案する機会を与えるという意味があります。自分で工夫してやり方を考え、それを実行して成果をあげる機会を得ることは、部下にとっては成長のチャンスです。行動目標については次節で説明します。

若手担当者に対しては、売上や利益の数字よりも訪問件数といった行動目標を重視したほうがいいかもしれません。取引先企業を頻繁に訪問していると、次第に取引先企業の様子がわかるようになりますし、取引先も「よく顔を出す熱心な担当者だ」と思ってくれるようになるでしょう。

第8節 プロセス評価

SCENE 1-8 店内表彰の項目

高橋支店長 田中課長、下期の店内表彰ですが、数字に表れにくい定性的な項目で支店長表彰を新設したいのですが。

田中課長 と言いますと?

高橋支店長 サッカーでは得点した選手だけではなく、アシストした選手、逆サイドに走り込んだ選手、味方のミスをカバーした選手なども重要です。

田中課長　なるほど。

高橋支店長　訪問件数の多い人、お祭りなど街の行事で頑張った人、お客さまとの関係を深めた人、仲間をサポートした人などを表彰したいのです。

田中課長　趣旨はよくわかりました。これなら、若手や事務方も表彰の機会が増えますね。

高橋支店長　それから、ペアやチームの表彰も考えてください。

田中課長　チームプレーですね。中村さんと窓口Eさんのペア表彰など盛り上がりそうですね。早速今月から始められるよう、全員に周知します。

高橋支店長　えこひいきにならないよう、みんなの納得感があるように運用したいと思います。よろしくお願いしますね。

数字だけの目標設定では、その人の個性を反映することができません。行動には、その人の思い、愛情、価値観といった内面的な部分がにじみ出てきます。そこで、とりわけ若手クラスには数字の目標ではなく、行動目標を与えることが重要になります。行動目標は行動に移せば達成できることです。労を惜しまずに努力すれば実現できる。長い目で見ると、かいた汗は絶対に裏切りません。裏返すと、まぐ

れ当たりは危ういものです。

行動目標とは、たとえば、「今期中に何人の社長と親密な関係を築く」といったものです。それによって、支店長・上司と担当者の間で「今のところ、社長と何回面会できたのか」といった会話が生まれ、担当者の行動をトレースしていくこともできます。その進捗を見計らって、「それでは今期中、どのタイミングで社長への接待を入れるか」「社長の好みは何か」といった話合いもできるようになります。このようなやりとりを重ねていけば、若い担当者が孤立することはなく、その意欲を高めることもできるでしょう。

具体的な行動の自主目標を部下に立案させる方式には、もう一つの利点があります。行動目標の達成を店内表彰の対象とすることにより、支店の他のメンバーたちが「なぜ彼が表彰されて、私はだめだったのか」という不平不満を抱かず、表彰の結果を「なるほど」と思うようにして支店全体のムードを盛り上げていくことができます。

足元で取引を得られなくても、たくさんの社長と親密な関係を築けば、将来に向けて支店の大きな営業基盤ができます。目先の収益追求によって実績が得られても、それは単発的なもので次のビジネスにつながりません。みんながこのような考え方に納得して、価値観を共有することが必要です。

数字として表れた業績は結果であり、その結果が出るまでにはなんらかの行動があったはずなので、行動目標の重視はプロセス重視の業績管理であると言うことができます。たとえ融資は不得意でも集金業務や地域のイベントへの参加などには熱心な若手職員は、お客さまからも褒められて成長していくことでしょう。

第9節 リレーションシップ・マーケティング

SCENE 1-9 秋祭り

一〇月、中村さんが、支店の営業エリアで日本料理店を経営する渡辺会長を訪問する。
渡辺会長は地元商店街振興組合の組合長でもある

中村さん 渡辺会長、いつもありがとうございます。何かお役に立てることはありませんか？

渡辺会長 中村さん、実は今月秋祭りがあるんだ。若手の人手が足りなくて困っているんだ。

中村さん　私でもお手伝いできますか？

渡辺会長　もちろん。でも日曜日だよ。前任の担当者にもお話をしたのだが、休日出勤はできませんと断られてしまってね。

中村さん　支店に戻って、支店長に相談してみます。

中村さん、支店に戻って高橋支店長に話しかける

中村さん　支店長、今月の日曜日、商店街の秋祭りに参加したいのですがよろしいですか？

高橋支店長　もちろん。私も参加するよ。商店街の皆さんとも親しくしたいしね。中村さんは休日出勤扱いにして、翌週振替休日を取ってください。ほかの職員にも声をかけてみましょう。

中村さん　支店長、ありがとうございます。渡辺会長も喜んでくださると思います。

秋祭りの当日

中村さん　渡辺会長、おはようございます。今日はいいお天気ですね。

渡辺会長　中村さん、休日なのにありがとう。商店街振興組合の副組合長と、青年部の皆さんを紹介するよ。

中村さん　ありがとうございます。まだ皆さんに挨拶できていなかったので嬉しいです。

渡辺会長　みんな商店街のことを思って頑張ってくれている人ばかりです。仲良くしてあげてください。

中村さん、商店街のメンバーに挨拶する

中村さん　皆さんよろしくお願いします。私も商店街の一員として認めてもらえるかな。

商店街振興組合の人　もちろん。大歓迎ですよ。今日は中村さんも楽しんでください。

秋祭りの翌日、渡辺会長が支店を訪れる

中村さん　渡辺会長、いらっしゃいませ。

渡辺会長　中村さん、昨日はありがとう。後片付けまで手伝っていただいて、本当に助かったよ。

中村さん　私こそいい経験をさせていただきました。地元の神社やお祭りの由来や歴史も勉強になりました。商店街の皆さんとも親しくお話できて嬉しかったです。

渡辺会長　昨日のお祭りの売上を持ってきたので入金してください。それから、以前ご依頼のあった商店街の口座開設をお願いできるかな。

中村さん　え、ありがとうございます。いいんですか？

渡辺会長　もちろん。商店街のみんなともぜひ取引を深めてください。応援しますよ。

中村さんモノローグ　これで新規取引が増えるな。田中課長が言っていたのはこういうことだったのか。

クマさん's Comment

リレーションシップ・マーケティングとは、お客さまとの関係を重視して、お客さまのニーズを満たす製品やサービスを提供し、お客さまの生涯価値（LTV）を最大化することを目的としたマーケティング手法です。

マーケティングは通常、大きな市場に対して宣伝する行為、手法を指しています。しかし、リレーションシップ・マーケティングは違います。お客さまを企業のパートナーと捉えて、長期的な関係を築くというところがポイントです。この背景には「上位二〇％の優良顧客が全体の売上の八〇％をもたらす」というパレートの法則があります。

顧客は、一見客、リピーター、ファンに分かれます。一見客は初めて取引するお客さま、リピーターは当社のサービス・商品に満足して繰り返し購入してくださるお客さま、ファンは自分が当社のサービス・商品を繰り返し購入するのみならず、ほかの人にも当社のサービス・商品を勧めてくださるお客さまです。

リレーションシップ・マーケティングでは、リピーターとファンをいかに増やすかを課題として追求します。たとえば、新型コロナウイルス感染症の深刻化で飲食業は大変に苦しみましたが、その中で生き残ったのは一見客を対象に広告・宣伝を打ち続けた事業者でしょうか。そうではありません。生き残ったのは「この店がなくなると困る」と思う常連客・リピーターとファンからの支持を得ていた事業者だったはずです。

リレーションシップ・マーケティングは金融機関にとっても重要です。それは金融界において、リレーションシップ・バンキングと呼ばれています。「リレーションシップ・バンキングは手間暇がかかる」「やっても儲からない」などと言う人もいますが、私は「リレーションシップ・バンキングをやらないと儲からない」と考えます。先に新規のお客さまを増やしたければ、ファンになってくれる既存のお客さまを増やすのが早道であると述べましたが、リレーションシップの効用はそれだけではありません。

地域金融機関の中には、エリア内で競合する他の金融機関より貸出金利が高い金融機関があります。そのような金融機関は決まって地域密着路線を守り抜き、他の金融機関が非効率を理由に廃止した業務などを継続しています。取引先は他の金融機関に鞍替えするとそうしたサービスを受けられなくなるので、貸出金利が高くてもこの金融機関との取引を継続してくれるのです。

また、リレーションシップ・バンキングは取引防衛にも役立ちます。地域金融機関をメインバンクとするある中小企業の社長は、同社のサブメインである、より規模の大きい金融機関から、「メインよりも低い金利で融資しますから、借入金をすべて当方に移してください」と提案されました。社長は、逆に提案した金融機関からの借入金をメインの金融機関へと移したそうです。

と言うのは、メインの地域金融機関は日頃からお客さまとの接点が多く、さまざまなサービスを提供しているうえに、その地域のイベントにもきちんと参加していましたが、提案してきた大きな金融機関はその逆に貸出一本の取引であり、その担当者はあまり同社を訪れていなかったからです。社長からすれば、何も貸出金利の高低だけが取引金融機関選びの着眼点ではなく、さまざまな観点から金融機関を選んでいます。貸出金利の低さだけで社長の歓心を得ようとするやり方は、完全に裏目に出てしまったわけです。

さらに、リレーションが業績悪化時の債権回収を可能とすることもあります。私は、「御行にだけは迷惑をかけられない」と言われて、貸出金の回収に協力的に対応していただいた経験があります。

リレーションシップ・バンキングは、協同組織や地域金融機関だけのものではなく、顧客と長期的な関係を構築する商業銀行の本来的な姿です。地域の中小企業が第三者割当増資に協力し、自己資本比率を回復できた金融機関の例もあります。

顧客との関係は金融機関のバランスシート（貸借対照表、ＢＳ）上には表れませんが、金融機関にとって最も大事な資産の一つと言えます。リレーションシップ・マーケティング、あるいはリレーションシップ・バンキングは、地域金融機関の立脚点であることを強調したいと思います。

第10節 コンプライアンス

SCENE 1-10 お客さまからの注意

支店にて

高橋支店長 小林さん、内部事務の研修ご苦労さまでした。今月から、担当を持って外訪もしてみましょう。

小林さん はい、頑張ります。

支店長室にて。電話が鳴り、高橋支店長が受話器を取る

伊藤社長 支店長、少し話があるのだが。来てもらえますか？

高橋支店長 伊藤社長、何かありましたか？　すぐ伺います。

伊藤工業の社屋にて

伊藤社長 今度私の会社の担当になった小林さんのことだけど、もう少しちゃんと指導してあげたらどうだね。

高橋支店長 と言いますと？

伊藤社長 昨日、小林さんが新任の挨拶に来たのだが、第一声が「投資信託お願いします」だったよ。私が相場リスクのある商品をあまり好まないのは、支店長も知っているだろう。

高橋支店長 え、そんなことがありましたか。大変申し訳ありません。

伊藤社長 あれでは、新人の小林さんもかわいそうだと思うよ。よく教えてあげてくださいね。

高橋支店長 かしこまりました。ご注意ありがとうございます。

高橋支店長、支店に戻って小林さんを呼ぶ

高橋支店長 小林さん、ちょっとお話をしようか。
小林さん はい、支店長。
高橋支店長 実は伊藤社長から注意があってね。年内はお願いセールスをやめてみましょう。
小林さん え、せっかく研修で学んだのに。セールスしないで、何をすればよいのですか？
高橋支店長 まず、担当のお客さまのことを好きになってくださいね。小林さんは伊藤社長の投資運用のお考えは知っていますか？
小林さん まだお聞きしていませんでした。あ、しまった。
高橋支店長 伊藤社長のご出身やご趣味、会社の経営理念や製品は知っていますか？
小林さん それもわかりません。
高橋支店長 お医者さんも、診察しないで処方はできません。焦らなくて大丈夫ですから、まずお客さまのことに興味を持って、いろいろ教えてもらってください。伊藤社長は私も尊敬する素晴らしい経営者ですよ。

小林さん　ありがとうございます。ちょっとほっとしました。

高橋支店長　ちょうどいい機会ですから、コンプライアンスの勉強会をしましょう。

支店のコンプライアンス勉強会にて

高橋支店長　今日のコンプライアンス勉強会は、私からお話しいたします。小林さん、コンプライアンスの意味はわかるかな？

小林さん　法令遵守のことでしょう。今日はなんの法律の勉強ですか？

高橋支店長　ところで、先日大手のメーカーで企業不祥事がありましたね。

小林さん　あれはひどい事件でしたね。

高橋支店長　あの事件はなんの法律に違反していたでしょうか？

小林さん　よくわかりません。製造物責任でしょうか？

高橋支店長　それでは、中小企業の社長やお年寄りにデリバティブや仕組債を販売するのはどうでしょう。

小林さん　それもだめです。金商法違反になるのかな？

高橋支店長　法令のことに詳しくなくても、皆さんは何がだめで、何がいいかがわかります。それが大切だと思うのです。皆さんの行動はお天道さまが見ています。それでは、お天道さまはどこにありますか？

小林さん　空の上でしょうか？

高橋支店長　皆さん、自分の胸に手をあててください。そこには皆さんの良心があります。皆さんの良心もまた、お天道さまとつながっていませんか？

小林さん　私の良心ですか。

高橋支店長　まず自分の良心にコンプライしてください。そして、自分の良心を曇らせないようにね。

クマさん's Comment

「顧客のニーズを把握せよ」。企業取引の基本として、このように言われます。ニーズを把握すれば、それに応えられるような取引を提案できるからです。しかし、それは一朝一夕にできるわけではありません。たとえば、若手職員に新たなお客さまを担当させたときのことを考えてみてください。担当したとたんに取引先の社長が抱いている悩みやニーズを聞き出して、取引を成立させることができるでしょうか。前任者がよほど準備を整えたうえでバトンタッチしたというようなケースを除けば、これはありえません。

新人担当者にはむしろ一日も早く実績をあげようという焦る気持ちを抑えさせて、当初の三か月間はセールス活動を基本的に禁止し、お客さまとの人間関係を作ることに専念させてはいかがでしょうか。新人担当者はセールスできないので、とにかく相手の話を熱心に聞かなければなりません。私はこのことを「診察せずに処方するな」という言葉で表現してきました。医者は問診などをして体のどこが悪いかを把握してこそ処方できます。それと同様に、取引先のことを知らずに取引の提案などできるはずがないのです。

しかし、金融機関の担当者に対して、最初から何から何まで話をしてくれるような人など存在しません。相手が胸襟を開いてくれるまで通いつめ、こちらからいろいろと尋ね続けるしか方法はありません。このように話すと、しばしば「いったい何を尋ねればよいのか」という質問を受けます。これに対する答えは明快です。相手のことに真摯に関心を持って、いろいろとお聞きしてみればよいのです。

相手が企業の経営者であれば、初めは「御社のことを勉強したいので御社のパンフレットをください」という話から始めてはいかがでしょうか。そう言われて、気を悪くする社長はいません。「あっ、この若者は当社に興味を抱いている」と内心、喜ぶはずです。会社のパンフレットをしっかりと読みこなすと、いろいろとわからないことが出てくるに違いありません。

そこで、次回の訪問では「この製品はどのように作るのですか」「実際の商品を見せていただけますか」等、いろいろと質問したり、お願いしたりします。また、社長室には、さまざまな表彰状やトロフィーなどが飾られているものです。商品模型が置かれていることもあります。それに気がついたら、「これはなんの表彰ですか」「この商品はどのようにして開発したのですか」と聞けばいいのです。

つまり、「何も知らない」ことこそ関係構築の武器になるのです。尋ねるというよりも、学ばせてもらうという謙虚な気持ちが大切です。

オーナー社長は会社のすべての責任を背負って一人で考えなければならないことが多く、孤独な立場にあります。社内では絶対的なので、社員たちにとって近寄りがたいケースも少なくありませんし、自社製品に精通している社員たちがあらためて社長に開発の苦労談などを聞くことはないでしょう。そのような場合、オーナー社長は、ビジネスや商品、あるいは社長の個人的な事柄に興味を抱いてあれこれと尋ねてくる若い者を可愛いと感じるでしょう。そして、次第に胸襟を開いてくれるようになるものです。

相手が個人の場合、その人のことを何も知らずに投資商品を売り込むことはコンプライアンスの問題も生じさせます。近年金融機関において、不祥事や服務規律違反が多く発生しているのは残念なことです。

コンプライアンスを巡って、私が第一に強調したいのは完璧主義の危うさです。私は「あってはならない」の呪縛と呼んでいますが、「あってはならない」ことが起きないように徹底すると、現実にあってはならないことが起きた際にそれをなかったことにしてしまうリスクが生じます。虚偽報告や隠ぺいです。「あってはならないこと」が起こるリスクは常にあり、だからこそリスク管理が必要になると考えるべきです。

第二に、コンプライアンスの動詞形はコンプライで、「～に従う」という意味です。それでは、コンプライアンスとは何に従うことでしょうか。法令を遵守すれば、コンプライしたことになるのでしょうか。かつてある高級料亭が、客が箸をつけなかった料理をほかの客にそのまま出していたことが判明し、お客さまの信頼を著しく損ねましたが、この高級料亭が法令違反をしていたとは言えないでしょう。そうだとすると、コンプライアンスとはお客さまの期待に応えることであり、その基準はお客さまの期待を認識している自分の良心に反しないかどうか、「お天道さまに顔向けできる」かどうかだと考えるほうが適切です。

もっとも、企業活動のステークホルダーは直接のお客さまだけではなく、消費者全体、株主、従業員など数多くあり、それぞれの主体が抱く期待があり、その期待は時代の変化に応じて変わっていきます。それがコンプライアンスの難しいところですが、どのステークホルダーの期待を問題にするとしても、やはり判断基準は「お天道さまに顔向けできる」かどうかではないでしょうか。問題を発生させたあげくに「二〇年前はなんら問題ではなかった」などと放言する経営者はそれだけで失格なのです。

第三に、コンプライアンスを理由に積極的な営業活動を否定することも大きな間違いです。アクセル、ステアリング、そしてブレーキの操作があってこそ、正しい自動車運転ができるのと同じように、会社経営も営業推進、業績管理、そしてコンプライアンスの一体的な運営があってこそ正しい方向に向かうのです。したがって、「コンプライアンスはコンプライアンス統括部がやっている」という縦割り的な発想は禁物です。すべての職員がコンプライアンスを意識していくことが求められるのです。

第11節 お客さまとの関係構築

SCENE 1-11 夜の接客術

一二月、高橋支店長は渡辺会長から宴席に誘われる

渡辺会長　支店長、今晩私の行きつけのスナックで一杯やりませんか？　高くないから大丈夫ですよ。

高橋支店長　ありがとうございます。ご一緒させてください。

渡辺会長の行きつけのスナックにて

ママ　あら渡辺会長、お久しぶり。今日はどなたとご一緒なの？
渡辺会長　いつもお世話になっている金融機関の支店長だよ。
ママ　支店長いらっしゃいませ。この店のママの渚です。愛子ちゃん、お席についてね。
愛子ちゃん　愛子です。よろしくお願いします。支店長、ネクタイのセンスいいですね。
高橋支店長　そうかな。そんなに高いものではないよ。
愛子ちゃん　でも素敵ですよ。よくお似合いです。支店長はご趣味はありますか？
高橋支店長　私はサッカーが好きだな。学生時代はサッカー部だったよ。
愛子ちゃん　さすがです。運動神経もよいのですね。私あまりサッカーは詳しくなくて。日本は強いのですか？
高橋支店長　アジアではいちばん強い国の一つだよ。
愛子ちゃん　そうなんですか。知りませんでした。

しばらく楽しい会話

愛子ちゃん　ちょっと席を外します。ママにかわりますね。
ママ　支店長、楽しんでいただいていますか？
高橋支店長　ああ、ありがとう。すっかりリラックスさせてもらっているよ。
ママ　それはよかったです。渡辺会長、愛子ちゃんが喜ぶので、ワイン開けていいですか。
渡辺会長　安いのならいいよ。
ママ　愛子ちゃん、会長がワイン開けてくださったわ。こちらに来て一緒に飲みましょう。
愛子ちゃん　え、本当ですか？　嬉しいです。会長、私このワイン大好きなんです。ごちそうさまです。
ママ　はい、みんなで乾杯。

翌日、渡辺会長の事務所にて

高橋支店長　渡辺会長、昨日はごちそうさまでした。すっかり楽しませていただきました。
渡辺会長　支店長もたまには気分転換が必要だろう。経営者のことは誰も褒めてくれないからね。私もあのお店には、時々自分の何かを整えるために一人で行っているんだ。

高橋支店長　会長でもそうですか。でもスタッフも感じがよかったです。

渡辺会長　それはママが「さしすせそ」から教えているからね。

高橋支店長　さしすせそ、ですか？

渡辺会長　愛子ちゃんが使っていた言葉ですよ。さすが、知らなかった、すごい、素敵、素晴らしい、センスある、そうなんですか、みんなサ行ですね。自分のことを話すのではなくて、お客さまに話していただき、それに相づちを打たれると、承認欲求が満たされるでしょう。わかっていても気持ちがいいよね。

高橋支店長　なるほど。そう言えば確かに。

渡辺会長　それから、愛子ちゃんはワインをおねだりしなかったでしょう。本当は売上が欲しくてお願いしたいのを我慢して、渚ママからお願いに来たね。いいチームワークだと思いませんか？

高橋支店長　うーん。勉強になります。当店でも取り入れてみようかな。

クマさん's Comment

引き続き、セールスについて考えてみましょう。率直に言って、よほど面の皮が厚い人でなければ、お願いセールスは苦手ではないでしょうか。私自身、若い時代にはセールスにとても抵抗感があり、自分は銀行マン失格ではないかと悩みました。

　しかし、ずいぶんとあとになって、「自分は普通なのだ」と考え直しました。また、営業現場の経験が長い人であれば頷いてもらえると思いますが、セールストークが巧みな人が実績をあげるのかと言うと、必ずしもそうとは限りません。

　そもそも、中小企業の社長や個人のお客さまは金融機関の担当者にセールスしてもらいたいと願っているでしょうか。多くの場合、答えは「ノー」です。日頃、お客さまの意向に頓着せずに「これを買ってください」などというお願いセールスを繰り返していると、顧客は嫌気が差して居留守を使うようになります。中にいることがわかっているので、しつこくドアをたたいていると、「何も買わないから」という声が聞こえたりします。

　お客さまの立場から考えても、自分が相手に対して無理なくお願いを言い出せるような人間関係を築かないでセールスすることは決してよいことではないのです。無理なくお願いできるような人間関係を作るためには、前節で述べたように相手のことに興味を持ち、その人となりを知ろうとする努力が必要ですが、その際に心の扉を開くためのテクニックは存在します。これはドアを開ける前にノックをするようなものです。

ここでも、銀座のクラブでママや接客する女性たちが使うテクニックが参考になります。そうしたテクニックの一つに、「さしすせそ」があります。「さしすせそ」とは、「すごい」「さすが」「素敵」「素晴らしい」などの頭文字です。社長の話を聞いて、感心して、驚いて、称賛するのです。これはうわべを繕うテクニックではありません。相手の話をきちんと聞いて、感心していることを素直に伝える表現方法が「さしすせそ」です。

また、ママや接客する女性たちは常連客の誕生日を知っていて、誕生日にはお祝いの電話やメールをしてきます。誕生日に限りません。趣味、好きなスポーツ、応援しているチーム等をよく覚えています。つまり、顧客のことに精通していると言っていいでしょう。翻って、我々は顧客のことをそのように存じ上げているでしょうか。むしろ、熱烈な阪神ファンの社長に対して、無頓着に「昨日の巨人・阪神戦は巨人が鮮やかに勝ちましたねえ」と挨拶がわりに言ったりしていないでしょうか。

取引先企業の社長に初めて会うときには、あらかじめ訪問先の社長の人となりに関する資料に目を通しておきたいものです。

SCENE 1-12

鈴木常務のトップセールス

鈴木常務が臨店。鈴木常務はこの機会を利用し、支店の主要な取引先に対してトップセールスを行いたいと申し出た

高橋支店長　常務、今日は当店のお客さまへのトップセールスありがとうございます。初めに、伊藤社長にご挨拶をお願いいたします。支店から車で二〇分くらいになります。

車中にて

鈴木常務　伊藤工業は金属加工業の会社だったね。ん、事故かな。渋滞しているね。先方へは何時の約束だったかな。

高橋支店長　まずいな、一〇分以上遅れそうです。伊藤社長に遅れる旨、連絡いたします。

鈴木常務　支店長、担当の小林さんとは現地待ち合わせでしたね。小林さんに連絡して、果物の手土産を至急用意してください。確か伊藤社長は今日が誕生日ですね。

高橋支店長　常務、よくご存じですね。

鈴木常務　君からもらった事前資料に書いてあっただろう。

一五分遅れて到着。伊藤社長、やや不機嫌

鈴木常務　伊藤社長、大変遅れて申し訳ありません。いつも支店が大変お世話になっています。今日は社長のお誕生日とお聞きしました。どうぞ召し上がってください。

伊藤社長　（相好を崩し）これはお気遣いいただきありがとうございます。

　相手の誕生日や好みなどの機微を意識することは、ビジネスに限らず、人間関係を築くうえでも必要ですが、思いのほか金融機関の営業現場では行われていないように思えます。本来、支店長は社長の誕生日などの顧客データを頭に入れて、日々、気にしていなければいけないのです。たとえば、主要顧客の誕生日を記入し

た表をデスクの上に置いておくのはいかがでしょう。朝、出勤したらそれを見て、担当者に「Ｆ社の社長が誕生日だよ」と伝えて、何かしらのプレゼントを届けてもらうこともできます。

すでに社長の誕生日を把握している担当者もいますが、気がつかなかったり、気がついていても経費精算が面倒なので何もしない担当者もいるかもしれません。そのような場合、支店長は「若い者は気が回らない」とグチを言って終わらせるのではなく、部下に具体的にお手本を見せることも必要でしょう。

〈ＳＣＥＮＥ１－10〉で述べたように、中小企業の社長は、孤独で寂しく、誰かに褒められたいという気持ちを常に持っています。社長という立場になると職場のみんなと一緒に酒を飲みに行く機会が少なくなります。また、一生懸命によいことをしたつもりでも、お客さまや部下の誰も褒めてくれず、逆に文句ばかり言われます。私も信用組合の理事長だった時、そうだったので、社長の気持ちはよくわかります。

だから、私は社長のよいところを見つけると、すぐに褒めるようにしていました。「社長、どこでそういうふうに感じましたか、さすがですね」「お宅の従業員、本当によく教育されていますよね」「お店の対応、金融機関も見習わなければいけませんね」という具合です。金融機関の営業担当者にとって、社長の「自分の話を聞いてほしい。そして、褒めてほしい」という気持ちも、お客さまのニーズの一つです。

〈SCENE1－10〉で、新人担当者に対してセールスを禁じ、最初の三か月間はお客さまとの人間関係構築に専念させることを提案しましたが、その背景にある考え方を「三手の読み」と呼んでもいいでしょう。「社長にセールスに行く↓忙しいのにうるさいと文句を言われて、お詫びに行かなければならなくなる↓業績があがらない」という読みから、「新人担当者が社長のことを褒める↓社長が喜び、お前はいいやつだと言ってくれる↓支店長がセールスに行くと取引に応じてくれる」という打ち筋への転換です。

先人の言葉を見ても、「急がば回れ」「損して得取れ」「あわてる乞食はもらいが少ない」「迂を以て直と為す。患を以て利と為す」（孫子）、「速やかならんと欲すれば則ち達せず。小利を見れば則ち大事成らず」（論語）など同じような逆転の発想を説いたものは多く、目先の利を追って大局を見失うことを戒めています。協同組織金融機関で「集金は非効率だからやってはいけない」というのも近視眼的な見方です。逆に何も知らない人がセールスに行くほうがよほど非効率だとも言えるのです。

東京大学の西成活裕教授は『無駄学』（新潮社、二〇〇八年）という本で「無駄とは、「目的」「期間」を定めないと決まらない概念である」と指摘しています。たとえば、一年先の大学受験の受験科目が英語と数学の場合に、社会や理科を勉強しても無駄かもしれませんが、「一年先の大学受験」という期間と目的を取り払えば、社会や理科を勉強することが無駄とは言えません。期間と目的を限定しないで、ある事柄が無駄かそうでないかを判断しようとすると、「効率性の罠」に陥ります。

ある程度の時間軸を持って、しっかりした顧客基盤を構築することを目的に、お客さまからの要請に応じて、地域のお祭りに参加したり、お客さまのもとに集金に行ったりすることは、決して無駄ではありません。逆に短期的な収益獲得を目的にして、お客さまにデリバティブや外債運用を勧めた結果、お客さまが損をして潰れてしまったら、将来、金の卵を産むニワトリを殺して食べてしまったことになります。お客さまの衰退は、地域金融機関の生命線が失われることを意味します。

第12節 人としての成長

SCENE 1-13 年初の挨拶

年が明けて一月、鈴木常務が支店を訪れる

高橋支店長 鈴木常務、明けましておめでとうございます。年初の臨店ありがとうございます。臨時夕礼を行いますので、職員に一言お言葉をいただけますか？

鈴木常務 ああ。もちろん。

高橋支店長 夕礼のあと、職員との簡単な懇親会にもお付き合いください。

鈴木常務 喜んで。

臨店当日の夕礼にて

鈴木常務 皆さん、明けましておめでとうございます。お正月はゆっくりできましたか？ 今年の抱負は何か考えましたか？

地域金融の仕事は、地域にとってなくてはならないやりがいのある仕事だと思います。そして、私たちはこの地域金融の仕事を通じて、地域の発展に貢献するだけではなく、自らもまた成長することができます。

ここで言う成長とは、単に知識やスキルの成長にとどまらず、心の成長にもつながるものです。職員の皆さんが、一流の金融人として成長され、よりよい人生を歩まれることを期待しています。

懇親会にて

高橋支店長　常務、先ほどはご挨拶をありがとうございました。みんな、せっかくの機会だから、何か常務に質問はあるかな？
中村さん　常務、先ほどのお話の中で、知識やスキルの習得はわかるのですが、心の成長の意味がよく理解できませんでした。
鈴木常務　人の成長には、横の成長と、竪の成長があると言われているんだ。パソコンにたとえれば、横の成長は新しいソフトのインストール、竪の成長はパソコン自体の性能のグレードアップのようなイメージかな？
中村さん　と言いますと？
鈴木常務　中村さんは最近、新人の小林さんのことをよく気遣ってくれているようだね。それから、商店街のことも盛り上げてくれていると聞いているよ。
中村さん　そんな、まだまだです。
鈴木常務　新人の頃は自分のことだけで精いっぱいだったでしょう。それが今は、後輩のこと、お客さまのことを考え行動できるようになっている。意識の器が広がり、心が成長している証ですね。
中村さん　そう言われてみれば。
鈴木常務　人の心は、死ぬまで成長できるそうだよ。私もまだまだ学ばなくてはね。

中村さん　え、常務もですか？

鈴木常務　おいおい、年寄り扱いしないでほしいな。職業人生をマラソンで考えてごらん。二二歳で入社して、六五歳まで働くとしたら、四三年になるだろう。私は今五六歳だから、マラソンで言えばまだ三四キロ地点だ。これからが面白いよね。

高橋支店長　私は四八歳だから、まだ二六キロ地点か。田中課長はまだ四一歳だから、一九キロ地点だね。これは、できあがった気分になんかなっていられないな。

鈴木常務　さらに六五歳を過ぎても、ますます成長されている先輩もいらっしゃるね。お客さまの中にもそういう方がいらっしゃるでしょう。

中村さん　渡辺会長はそうですね。とても七六歳には思えません。

鈴木常務　そうした素晴らしい経営者にお会いできることも、私たち地域金融の仕事の醍醐味ですね。

中村さん　よーし、今年も頑張るぞ。

クマさん's Comment

部下の成長を考える際には、知識やスキルの成長だけでなく、人間力の成長にも留意したいものです。

成人発達理論とは、成人以降の人の心の成長に着目し、それを理論化した発達心理学の一分野です。ハーバード大学のロバート・キーガン教授らにより研究が進められていいます。人は成人してからも知性や意識が発達し、生涯にわたって成長し続けられるそうです。そして、この成長には「水平的成長」と「垂直的成長」の二つがあるとされています。

水平的成長とは、知識量の拡大や技術の質の向上につながる成長のことを言います。パソコンにたとえれば、新しいソフトをインストールするイメージですね。金融機関の教育で言えば、法律の知識、税務の知識、商品知識、財務分析などの研修や通信教育で身に付けられるものです。

一方で、垂直的成長とは、さまざまな視点や認識を持ち物事を柔軟に判断していけるようになることです。パソコンにたとえれば、CPUがグレードアップしていくイメージでしょうか。部下の気持ちがわかる、お客さまの立場に立てるなど、多様な価値観を受け入れ、多角的な視点を持って仕事を進めることができるようになります。

水平的成長と垂直的成長という言葉を聞いて、私は江戸時代末期の儒学者、佐藤一斎の『言志録』第一四四条を思い出しました。すなわち、「博聞強記は聡明の横《おう》なり。精義入神は聡明の竪《じゅ》なり」と、ここでも横と竪と言われているのです。何事もよく知っているという博聞強記は学習によって横に広がるが、道理を深く掘り下げる精義入神は、人間として徳を磨きあげる修養の学びとされています。

佐藤一斎の門下生は三〇〇〇人と言われ、佐久間象山や山田方谷をはじめ幕末に活躍した英才を多数輩出しています。また、その著書である『言志四録』は、西郷隆盛が終生の愛読書とするなど長く読み続けられており、私の座右の書でもあります。

部下職員がさまざまな業務知識を習得していく姿を見ると、心強く感じるものです。さらに、職場の同僚やお客さまや地域に思いを馳せてくれる姿は嬉しいものです。地域金融の仕事の素晴らしさは、その取組み方によっては、知識やスキルの習得に加え、人間的な成長をも促してくれることにあります。自分自身の横と竪、両面の成長を意識しながら、部下や同僚とともに学び続けたいものですね。

佐藤一斎の言葉でいちばん有名なのは、『言志晩録』第六〇条の三学戒でしょう。「少にして学べば、則ち壮にして為すことあり。壮にして学べば、則ち老いて衰えず。老いて学べば、則ち死して朽ちず」。少年の時に学んでおけば、壮年になってから何事かをなすことができる。壮年の時に学んでおけば、老年になっても気力が衰えることはない。老年になっても学んでおけば、社会の役に立つことができ、死んでからもその名は残る、といった意味ですね。

支店長や役員になってからも学び続けている、素晴らしい先輩たちがいらっしゃいました。別に死んで名を残さなくても、そうした方々は退任されてからも後輩に慕われ、立派な人生を全うされています。私も死ぬまで学び、人として成長し続けたいものだと思っています。

第13節 対話型組織開発

SCENE 1-14 サークル活動

支店にて

中村さん 支店長、ご相談があります。

高橋支店長 中村さん、どうしました？

中村さん 営業の若手と窓口や事務の担当とでサークル活動を行いたいのですが、いかがでしょうか？

高橋支店長　いいね。チームワークに横のつながりは大事ですね。こういう声が皆さんから自発的にあがってくるのは嬉しいよ。

中村さん　認めてもらえてほっとしました。

高橋支店長　具体的にどんなテーマを考えているのですか？

中村さん　いろいろあるのですが、とりあえずはバレンタイン作戦かな。

高橋支店長　バレンタイン作戦？

中村さん　いつもお世話になっているお客さまにみんなでチョコレートをお配りしたいなと。経費を少しいただきたいのですが大丈夫でしょうか？

高橋支店長　まだ下期の経費には若干余裕があるからなんとかするよ。

中村さん　ミーティングには残業を付けてもいいですか？

高橋支店長　もちろん。ミーティングの際の飲み物やおつまみも経費申請してください。

中村さん　支店長、ありがとうございます。

高橋支店長モノローグ　お客さまへのホワイトデーのお願いは私の仕事だな。期末は忙しくなりそうだ。

成果をあげる組織を作るための取組みとして、人材開発と組織開発が知られています。人材開発は、組織を構成するメンバー個人に働きかけてその能力を高めていくアプローチです。これに対して、組織開発とは、組織を構成するメンバー同士の関係に働きかけるアプローチです。メンバー同士の関係がよくなればモチベーションがあがり、協力して仕事をするようになってパフォーマンスもあがるでしょう。

組織開発にも二種類あります。診断型の組織開発では、外部のコンサルティング会社などの協力を仰ぎ、アンケートなどを通じて課題を抽出し、理想の組織に至るための施策を立案・実行します。これに対して、対話型の組織開発では、組織のメンバーたちが対話を繰り返して自ら課題を発見し、改善策を考えていきます。私は成果をあげる組織を作るためには、対話型の組織開発が有効だと考えています。

対話の場を設定するにあたっては、会社の会議室で営業時間中に行う会議では自由闊達な発言が期待できないのであれば、背広を脱いで気分を切り替え、自然の中あるいは郊外のキャンプ場などへ行って、オフサイトミーティングを開いてみたらいかがでしょうか。また、本部と支店、本部の中でも業務推進と管理、支店の中でも窓口と営業など異なる部門・職種の人たちが一堂に参加できたらよいですね。

支店の人たちは「本部は現場を知らずに無理な目標や面倒な通達を押し付けてく

る」という不満を持ち、本部の人たちは「支店はやるべきことをやってくれない」という不満を持っていないでしょうか。支店の中でも、やはり営業担当と事務担当の間でお互いに相手に対して不満を持っていることがあります。そういうときには、「残業代を付けていいから」と言って、居酒屋の個室で二時間くらい直接対話する機会を設けてみるのもよいでしょう。

面と向かって話し合うと、相手の事情も理解できるようになりますから、翌日「昨日の居酒屋での対話はどうだった？」と聞くと、「いや、営業の人の苦労もわかりました」という感じになります。金融機関の仕事のやり方は意外と縦割りですが、お互いに他部署の立場が理解できると、協力し合えるようになり、組織としての生産性があがります。1＋1＝2ではなく、3や4になっていくわけです。

組織開発という意識がなくても、メンバーが自発的に他の役割を担っているメンバーと対話し、自ら課題を発見・解決するような組織文化がある会社は強いと思います。若い人が自発的にアイデアを出していく支店は活気があります。営業担当者と窓口や事務の担当者というように役割分担を異にする人たち同士が横のつながりを持って何かに取り組んでくれると、組織はさらに活性化していきます。

上司がいくらやる気であっても、部下が冷めていては、組織は活性化しません。

火は下からついて上に燃え広がっていくのです。部下の自発的な行動を期待する上司の態度が、部下にとってはサービス残業の強制と受け止められることも考えられるので、難しいところですが、少なくとも若い人たちのやる気の芽を摘むことなく、これを大きく育てていけるような上司でありたいものです。

第14節 従業員のエンゲージメント

SCENE 1-15 期末月

伊藤工業の社屋にて

高橋支店長 伊藤社長、最近、担当の小林はいかがですか？

伊藤社長 よくなったよ。彼女は約束をきちっと守るね。あの誠実な仕事ぶりは彼女の長所だよ。

高橋支店長 彼女に何かしていただけると彼女も自信が付くのですが。

伊藤社長 ああ、そう言えばまだ何もしてあげてなかったな。バレンタインのチョコレートも、誕生日プレゼントももらったし、あの心遣いは嬉しいね。何をすればいいかね。

高橋支店長 社長個人のお取引をお願いできたら嬉しいです。たとえば、経営者保険などはいかがでしょうか。

伊藤社長 わかった。小口でよければ付き合うよ。

高橋支店長 ありがとうございます。小林も喜びます。

場面変わって、期末の打上げにて

高橋支店長 みんな今期はご苦労さまでした。みんなのおかげで、今期は久しぶりに表彰がもらえそうだよ。

中村さん 支店長、嬉しいです。

高橋支店長 中村さんも、小林さんも成長したよね。半年前、一年前と比べて、自分でも手応えがあるだろう。

中村さん 最近だんだん仕事が楽しくなってきました。

高橋支店長　中村さんのフットワークのよさは、当店のチームワークに不可欠だね。

中村さん　私、この仕事を選んでよかったです。この歳で、渡辺会長のような素晴らしい方ともお話できるなんて。

高橋支店長　小林さんの誠実な仕事ぶりは、あの伊藤社長も褒めているよ。

小林さん　私もこの一年でいろいろなことを学び、いい経験ができました。中村先輩のようになれるように頑張ります。

中村さん　そう言ってもらえると私も嬉しいな。

高橋支店長　みんな本当にありがとう。

クマさん's Comment

最近、従業員エンゲージメントという言葉を聞くようになりました。従業員と会社の絆のことです。従業員は「私はこの会社に入ってよかった。この仕事を通じて私は成長できる」と思い、会社のほうも「当社にとって、君がいてよかった。君の成長が当社の成長につながる」というメッセージを発することによって、会社と従業員が相互に成長を通じて絆を深めていく関係だと私は考えています。

従業員エンゲージメントの理屈は簡単ですが、経営者にとって従業員エンゲージメントを高めるために具体的にはどうすればよいかは難しい問題です。従業員エンゲージメントの度合いを測る指標として、ギャラップ社が開発したアンケート調査があります。その内容は図表1－2のようなものです。同社は、この調査で測定された会社と従業員の関係性（エンゲージメント）が強固であると、会社の生産性は三割向上し、創造

図表１－２　ギャラップQ12（従業員エンゲージメントの測定）

Q１．職場で自分が何を期待されているのかを知っている
Q２．仕事を行うために必要な材料や道具を与えられている
Q３．職場で最も得意なことをする機会を毎日与えられている
Q４．この７日間のうちに、よい仕事をしたと認められたり褒められたりした
Q５．上司または職場の誰かが、自分を一人の人間として気にかけてくれているようだ
Q６．職場の誰かが、自分の成長を促してくれる
Q７．職場で自分の意見が尊重されているようだ
Q８．会社の使命や目的が、自分の仕事は重要だと感じさせてくれる
Q９．職場の同僚が、真剣に質の高い仕事をしようとしている
Q10．職場に親友がいる
Q11．この６か月のうちに、職場の誰かが自分の進歩について話してくれた
Q12．この１年のうちに、仕事について学び成長する機会があった

性は三倍になるという研究結果を得ているそうです。皆さんも部下の一人をイメージして、その部下が各設問にどう答えるのかを考えてみてはいかがでしょうか。

各設問に対する回答は点数で行います。「十分にできている」は五点、「どちらでもない」は三点、「まったくだめ」は一点、四点と二点は中間的な回答です。測定は全回答の平均点数を出して行います。平均五点が最高、平均一点は最低レベルということになります。従業員全員の平均が二点以下であると、その会社の従業員エンゲージメントは危険ラインにあり、一斉退職などの事態が危惧されます。一方、平均四点以上であると、従業員エンゲージメントは良好で生産性向上が期待できるという結論が得られます。

ギャラップ社のアンケートを〈SCENE１―２〉で紹介したマズローの自己実現理論と対照すると、ギャラップ社のアンケートは、「会社が従業員の社会的欲求、承認欲求、自己実現欲求を満たしているか」を問うものだと理解することができます。

ギャラップ社アンケートのQ1、Q2、Q3、Q5、Q10は「社会的欲求」、すなわち、従業員が会社に居場所がある、組織の一員として認められているという感覚を持っているかどうかを問うものだと言えるでしょう。Q4、Q7、Q11は、「承認欲求」が満たされているかどうか、Q6、Q8、Q9、Q12は「自己実現欲求」が満たされているかどうかです。

経営の立場からは、ギャラップ社のアンケートで測定される従業員エンゲージメントを高めるために日常の業務の中でどのようなルーティーンを定着させていくかが問われることになります。そこで、私がこれまで提案した取組みが従業員エンゲージメントの観点からどのように有効かを考えてみましょう。

まず、〈SCENE1－2〉から〈SCENE1－4〉で紹介した「朝礼と夕礼」「一週間の区切り」は、Q3とQ4に該当するでしょう。部下の長所を見つけて、それを発揮する機会を与え、朝礼や夕礼で褒める、週間の行動計画で成果をあげたら褒めるということを当然のこととして繰り返していけば、Q3とQ4は五点の評価になるでしょう。

〈SCENE1－7〉〈SCENE1－8〉で紹介した「自主目標」の設定は、Q1の評価を高めると考えられます。必要な材料や道具が与えられている条件下（Q2）で、「自分はこうしたい」と従業員が発言するのに対して、上司が「ではそうしよう」と後押しするという流れです。

〈SCENE1－14〉で紹介した「組織開発」＝チームワーク醸成の取組みは、

Q9とQ10の評価点を高めることになるはずです。

次節で人事面接の方法を紹介しますが、これはQ11とQ12に関係します。

ただし、大事なことは、従業員エンゲージメントを高めるためにはいろいろなやり方があり、正解は必ずしも一つではないということです。金融機関の歴史や文化、あるいは職員の状況によって、やり方は変わって当然です。私の提案は一例にすぎませんので、ぜひいろいろと工夫して自分たちに合ったやり方を創り出していただきたいと思います。

第15節 人事評価

SCENE 1-16 年度面接

高橋支店長　中村さん、この一年を振り返っていかがですか？

中村さん　一年前はいろいろ悩んでいましたが、今は仕事にやりがいを感じています。

高橋支店長　どんな点が成長したと思いますか？

中村さん　投資信託や保険の知識は付いたと思います。

高橋支店長　そうだね。自信を持ってお客さまに説明できているね。あと、私は中村さんの心の成長が嬉しいな。去年はまだ自分のことしか考えられなかったでしょう。

中村さん　そうでしたね。周りのことが全然見えていませんでした。

高橋支店長　今は、小林さんのこともよくサポートしてくれているし、窓口のみんなからも評判がいいですよ。それでは中村さんの今年の目標はありますか？

中村さん　今年は融資についてもっと学びたいです。お借入れの申し出があると、どうしたらよいか、まだとても不安です。

高橋支店長　上期に本部で融資の特別研修があるから、ぜひ参加してください。いい通信教育もあるから受講したらいいね。あとは実地で経験を積んでいこう。

中村さん　支店長は審査部ご出身でしたね。ご指導よろしくお願いいたします。

支店長は、運営を任された支店をどうしたいのかというビジョンを描いて実現していく必要があります。その節目となるのが半年、一年というタイミングです。日次、週次、月次、半年、一年という区切りを付けるのは、多忙な日々に流されて当初描いたビジョンを何も実現できずに任期を終えることのないようにするための工夫です。

取組みには期間と優先順位を付ける必要があります。年間単位で取り組むべき課題にはどのようなものがあるかを考えてみましょう。

たとえば、店舗統合があった場合には、往々にして統合される側の支店の取引先企業は不快感を募らせます。「自分たちの存在が軽視された」と受け止めるからです。それを解消するためには、半年、一年という時間を費やして誤解を解いていく必要があります。過去にメイン先だった企業が他の銀行にメインバンクを替えてしまったというようなケースでも、ある程度の期間をかけて丁寧に取引先との関係を修復していかなければなりません。企業再生支援も半年、一年のスパンで考えるべきことでしょう。

人はすぐには変わりませんから、部下の育成も年間単位で考えるべき課題でしょう。部下の育成という観点から、半年、一年の節目で実施する面談が大事です。日頃から部下とは接しているでしょうが、やはりあらたまった空気の中で、部下の成長を見届けて、それを部下にきちんと伝えることが重要です。支店長が「この一年でこんなに成長した。大したものだ」と伝えれば、部下たちはいろいろと考えるはずです。

面接のやり方について、具体的に考えていきましょう。

まず回数は、四月と一〇月などの年二回を推奨しています。二回とも直属の上司が行ってもいいですが、うち一回は本部の人事部や役員が行う方法もありえます。後者の場合、職員がふだん言えないような話を聞けることがあります。

面接は、面接者が上から目線で説教する場になってしまいがちですが、それでは意味がなく、七～八割は被面接者から話してもらったほうがいいでしょう。被面接者が語ったことに対して面接者がボールを打ち返し、それを受けて被面接者側が再び発言するという流れです。

teachではなくlearn、ともに学ぶという心構えになるには、面接者と被面接者が向かい合って座るより、九〇度の角度になるように座ったほうがいいでしょう。そのほうが面接者側も緊張しないですみます。ほかにもコーヒーでも飲みながら話をするなど、工夫はいろいろとあるでしょう。

面接では、「横と竪の成長」〈SCENE1－13〉を本人に自覚させ、自信につなげることを目指します。そのためには、「次に何やりたい?」と具体的な行動につながる問いを発することが重要です。そこで、職員から「今度は融資の勉強をしたい」といった回答があれば、「では、次の半年は融資をやってみよう。融資の研修にはこんなのがあるよね」とか、「あなたの担当先のあの会社のことをもっと勉強してみよう。工場に行ってみようか」と融資実務を学ぶ機会を与えます。そして、半年後の二回目の面接で「半年前から比べたらすごく成長したと思うよ。ずいぶん自信が付いたでしょう。実績もあがったよね」などとフィードバックしてあげるわけです。

これにより、職員にとってはギャラップ社のQ11「この六か月のうちに、職場の誰かが自分の進歩について話してくれた」が実行されたことになり、Q12「この一年のうちに、仕事について学び成長する機会があった」と思えるようになります。

こうした横の成長だけではなく、竪の成長、すなわち人間的な成長の側面も積極的に評価すべきです。支店長からの「半年前は自分のことで精いっぱいだったけど、この間は新人の面倒を見ていたね」「窓口の君たちが対応をしてくれたので、営業担当者がお客さんから褒められました」というフィードバックが自信につながり、職員たちは自分の職務を超えた視野の広さを獲得することになります。

特に地域金融機関の場合には、「お祭りに参加し、地域の仲間が増えたね。商店街や街の歴史をずいぶん学べたね。町内会長があなたをすごく褒めていたよ」といったフィードバックも重要です。職員の「地方創生に興味があります」という申し出に対して、行政や大学、地域内外のほかの団体や金融機関などの話を聴きに行かせたりすれば、視野がますます広がります。さまざまなイベントへの参加も有効です。これらも立派な仕事だと思います。

ここで部下の教育にあたって参考にすべき考え方として、千利休の「守・破・離」を紹介しておきます。「守」とは、先生の教えを忠実に守ること、「破」とは、先生の教えに疑問を持って自分なりに工夫すること、「離」とは、先生の教えから離れて自分のやり方を確立することです。

まだ業務がよくわかっていない新人に対して、「好きなことをやっていいよ」と言うのは避けるべきです。彼・彼女たちには、まず基本をきちんと教えなければなりません。ただし、この「守」の段階で注意しなくてはならないことは、「事務手続を覚えろ」ですませてはならないということです。一つひとつの手続には理由があります。たとえば、書類の所定箇所にハンコをもらっておかないと、あとでお客さまから「受け取っていない」と言われたときに困るわけです。そうした理屈をきちんと理解しながら身に付けることが大事です。

職員が三〇代になったら、次の「破」の段階に入ってもらわないと困るので、「何か工夫をしてごらん」と促します。手続上も工夫の余地があるのかと思われるかもしれませんが、書かれていないことはたくさんあるし、どこかに改善の余地は存在するはずです。四〇代になったら「離」になっていてほしいところで、「あなたの個性を出してよい」と指導します。逆に困るのは、四〇代半ばになってもまだ「守」の段階の人がいることです。

研修を主催する立場であれば、研修を受ける立場の人たちが「守・破・離」のどの段階にあるのかを考えるとよいように思います。同じような考え方だと思いますが、阪急の創始者の小林一三が学生向けに話した講演録の中に、「会社に入ったら、まずは「便利な人」になってください。その次は「必要な人」になってください。最終的には「特色ある人」になってください」という趣旨の言葉があります。「便利な人」とは誠実に仕事をする人、「必要な人」とは自分のスキルや知識を周囲の人に役立ててもらえる人、「特色のある人」とはビジョンのある人です。「必要な人」はオールラウンドでなくてもよく、預金や窓口事務など特定の分野で秀でていればいいでしょう。そして、最後の「特色ある人」は、会社がどうあるべきかを考え、新しい事業や仕事を作ることができる人ということになります。

第2章

事業性評価と本業支援

第1節 融資の基本

SCENE 2-1 高橋支店長の教え

今年は融資を学びたいという中村さん。二日間の本部の融資研修を終えて、高橋支店長に報告

中村さん 支店長、研修ありがとうございました。

高橋支店長 中村さん、お疲れさまでした。勉強になりましたか？

中村さん はい。初めてのことが多くて、まだ消化不良です。財務分析と決算書の登録、格付作業を学びました。

高橋支店長 そうか。融資は作業ではないんだがなあ。まあ、融資の考え方は、支店での実務を通じて学んでいきましょう。

中村さん 作業や手続ではなくて、考え方ですか？

高橋支店長 少しお話ししましょうか。中村さんは自分のお金を誰かに貸すとしたら、誰にどのように貸しますか？

中村さん 知らない人は嫌だな。よく知っている、信頼できる人に貸したいです。

高橋支店長 なるほど。それではその人に何をお聞きしますか？

中村さん うーん。何に使うか聞きたいです。それから、どうやって返してくれるのかも。

高橋支店長 そうだね。それが融資の基本だよ。債務者の確認、そして資金使途と返済方法だね。

中村さん あ、そういうことか。

高橋支店長 ところで、私たちがご融資するお金は誰のお金ですか？

中村さん 自分のお金ではないです。えーと、預金者のお金ですか？

高橋支店長 そのとおり。私たちは、預金者からお金をお預かりして、そのお金で融資しているんだ。私は、融資の判断をするときには、その融資について預金者の皆さんに説明できるかをいつも自分に問いかけているよ。融資はゲームではないからね。

中村さん 支店長はいつもそうやって考えているんですね。確かに、自分のお金より人のお金のほうがもっと責任が重いです。

高橋支店長 その気持ちを忘れなければ大丈夫。融資の仕事はやりがいのある仕事だよ。

金融機関の方から、「不良債権が増え与信関係費用が増加している」「粉飾決算に気がつかなかった」「事業性評価はどのようにすればよいのか」といった悩みの声をお聞きします。また、「若手職員の融資業務の能力が低下してしまってどう指導したらいいかわからない」という相談もよく受けます。お話を詳しく伺っていると、融資業務そのものが取引先の実態を踏まえた総合判断ではなく、一種の作業になってしまっているようです。

金融機関で四月に新人が入社すると、新入職員たちは五〜六月に前年度三月決算先の格付作業を手伝わされることが多いと思います。大きな金融機関であれば、決算書をシステムに登録して財務分析センターに送り、財務分析センターから結果が来ると、今度はそれに基づいて格付けを付与します。格付けが定まると与信方針が決まります。あとは稟議書や付表などの書類がそろえば、金融機関内部で融資を実行する条件が整うわけです。

そこで、新入職員たちはトランプゲームでカードがそろったとでも言うように、具体的な融資案件について「書類が五枚全部そろいました。ハンコを押してください」と承認を求めてやってきます。しかし、上司が「この会社は何をやっている会社なの？」と尋ねると、答えられません。あるいは、「この会社は「その他卸売業」です」と答えたりします。

格付けのパラメータは業種によって異なるので、先述したように決算書を登録する際には日銀業種コードで取引先を分類します。何を売っているのかわからない会社は一律に「その他卸売業」に分類してしまうので、そのような答えが出るわけです。

しかし、融資先の会社が何をやっているのかわからないのに、まともな融資判断ができるわけがありません。融資先の実態を見ずに決算書だけを見て格付けを付与し、あとは書類がそろえば融資できるという自動販売機のような仕組みは、中小企業金融の現場では通用しないのです。多くの金融機関で問題となったスコアリング貸出の大失敗は、こうした機械的な融資判断に起因しています。

若手に融資の基本的な考え方を理解してもらうために、まず「会ったことのない人に自分の大事なお金を貸せる?」と聞いてみましょう。「いや、知っている人でなければ嫌です。信頼できる人にしか貸せません」ということになります。「では、自分のお金を貸すかもしれないときに、次はその人に何を聞くの?」とさらに問いかけると、若手はここで「えっ?」と言って答えられないかもしれません。

そこで、「では、「これから競馬に行くので、馬券を買うためのお金を貸してくれ」と言われたら、貸しますか?」と卑近な例を出すと、「いや、それは貸せないです」という答えが返ってくるでしょう。そうしたら、「そうだね。賭博のお金を貸してはいけないよね。他方、住宅や車を買う、子どもの教育費にあてるなど、まともな目的であれば貸してもいいでしょう。このように何に使うのかを普通は聞きますよね」と展開します。

そして、「自分の大事なお金であれば、次に「どうやって返してくれるのか」を聞くことになるのではないかな?」と問いかけます。すると借り手は、自分の給料はこれだけあるので何年くらいで返せる、あるいは半年後に入金があるのでそれで返せる等と答えてくるでしょう。担保や金利はもう少し高度な話で、このあとに来るものです。

実際には金融機関は自分のお金ではなく、預金者のお金を貸すことになるので、その責任は自分のお金を貸す人よりも重いのです。融資の判断基準は、「預金者に対して説明できるか」ということになります。これはお題目ではなく、金融機関が反社会的勢力に対する融資など明らかに預金者に対して説明できないような融資をしていたことが発覚した場合、取付け騒ぎに近いことが起きるなどその経営に甚大な影響を与えることになります。

こうした順番で説明していくと、若手も実感として融資の考え方をわかってくれるようになります。とにかく決算書を分析し、格付けを付与して、正常先には貸す、要注意先には貸さないといった機械的な作業ではなく、もっと「自分事」として融資を捉えてほしいので、若手には最初にこうした質問を投げかけるようにしています。

第2節

途上管理

SCENE 2-2

取引先の倒産

四月のある日の午後、支店長室に田中課長が駆け込んでくる

田中課長 支店長、大変です。

高橋支店長 田中課長、どうした?

田中課長 G社の入口に張り紙があって、法的整理に入ると。

高橋支店長　しまった。貸出の現在残はいくらある？

田中課長　約二〇〇〇万円、うち一〇〇〇万円は保証協会付きですが、あと一〇〇〇万円は信用貸です。

高橋支店長　至急預金残高を調べて、注意コードを入れてください。（数百万円は回収できないかもしれないなと思いつつ）、G社はそんなにひどい状況ではないと思っていたのだが、いったいどうしたのだろう？

田中課長　社長が半年前に倒れて入院されていたそうです。

高橋支店長　半年間、社長にはお会いしていなかったのか？

田中課長　申し訳ありません、経理部長が来店されていたので。

高橋支店長モノローグ　なまじ審査に自信があるという私の油断だな。業績表彰ばかりに目が行って、信用リスク管理が甘くなってしまった。部下ばかりを責められないな。

同じ週、金曜日の夕礼にて

高橋支店長　皆さん、来週、再来週で自分の融資先全社を訪問するよう予定を組んでください。

中村さん　お客さまに当店に来ていただいてもいいですか。

高橋支店長　全社こちらから伺わせてもらいます。前期のお礼と合わせて、3月期の決算もそろそろ固まってきていると思うので、状況を聞いてみてください。あと、社長が元気で働いているかどうか確認してください。

中村さん　社長ですか？

高橋支店長　そう。私はこれまで社長が急逝されて大変な状況になった中小企業をたくさん見てきています。会社によっては、決算内容より社長の健康のほうがはるかに重要です。融資残高の多い先や、社長に会いづらい先は私と課長も動くので遠慮なく言ってください。

中村さん　わかりました。

高橋支店長　気になることがあったら、すぐに口頭で報告してください。

当たり前の話ですが、融資は新規実行してから全額回収するまで続きます。金融機関はその間、債権者であり続けます。だからこそ、期間中、貸出金利息がもらえるのです。

ところが、業績評価では融資残高が増えたら何点という評価をされると、金融機関の職員たちは新規融資を実行することばかりに一生懸命になり、新規貸出の稟議書を書くためにはお客さまにお会いしますが、融資を実行したあとは放ったらかしということがよくあります。しかも、担当者が替わると、前任者が行った融資は前任者の実績で自分には関係ないという意識で、担当融資先の状況をほとんど見ないということになりがちです。

こうした現象が最も顕著に出るのは、長期間のアパートローンです。アパートローンを出したあとは貸したきり、借主には一度も会っておらず、気がついたらそのアパートには誰も人が住んでいないということもありえます。

融資先の状況を継続的に把握することを「途上管理」と言います。途上管理が必要になるのは、我々金融機関は融資実行後、それが全額回収されるまでは債権者であり続けるからです。自分のお金を貸していて、一年間放っておくことはありえないでしょう。月に一度くらいは借り手の状況を見に行くのではないでしょうか。

しかし、実際には途上管理も融資先からもらった前期の決算書をもとに格付けを付け直す、あるいは二年に一回、路線価だけを見て不動産担保評価の数字を付け替えるといった「作業」になっていないでしょうか。前期の決算書は、二年前からの一年間の業績です。古い数字を見ていても、現在の状況はわかりません。

リスク管理全般について言えることですが、リスクをなくすことがリスク管理なのではありません。金融業務をしている以上、一定のリスクは必ず発生しますし、リスクはゼロにはなりません。大切なのは真のリスクはなんなのかを認識する一方で、問題事象が発生したときには、それをいち早く発見して迅速に対応することです。つまり、リスク管理は危機対応とセットです。

途上管理でも、債務者の最新の状況を常に把握し、問題事象が発生したら即刻対応するという二段仕掛けの対応が求められます。債務者の状況を把握するためには単なる数字上のチェックではなく、実際にお客さまを訪問して状況を目視することが必要です。

若手から「目視とは、何を見に行くのですか?」と聞かれることがありますが、私は「まず社長が元気で働いているのを見てきてください」と答えています。中小企業は社長あってのものです。これまで社長が倒れて潰れた会社をいくつも見てきました。

実際に会社を訪問することで、経営悪化がわかることもあります。大企業と異なり、中小企業は会社の中が見えるので、「なんか変だ」と感じるのです。たとえば、次のようなことです。これらが複数重なっていることもあります。

1 電話が鳴りやまず、社内が騒然としている。
2 経理の担当がいきなり辞めている。
3 本来仕事をしている時間なのに社員同士が無気力にだべっている。
4 社長がいつ行っても不在で、引きつった顔で外を飛び回っている。

部下に「融資先を見に行きなさい」と言って、「セールスするものが何もないのですが」と切り返されたら、「とにかく行ってごらん。何をしに来たのかと言われたら、にこっと笑って、社長に会いにきましたと言えばいい」と答えればいいでしょう。「社長のお顔を拝見したくて来ました。社長が元気で働いている姿を見て、すごく頼もしく思いました」と言われて、文句を言う中小企業の社長はいません。

こうした声かけが途上管理のベースであって、これくらいだったら実は入社一年目でもできるのです。社長に「熱心な担当者だ。彼・彼女が上司に怒られるのはかわいそうだ」という情がわけば、会社が倒産することになっても金融機関に迷惑をかけないよう事前に策を講じてくれることもあるでしょう。逆にまったく訪問もせず偉そうにしているだけの担当者だったら、「メインバンクなのだから踏み倒されても仕方がない。俺のところだって倒産しそうなのだから」と思われるかもしれません。

私が若い頃、融資先の会社に行って雰囲気がおかしいと感じたことがありました。前期の決算には何も問題はありません。しかし、何かがおかしいので、頻繁にその会社を訪問していたら、社長から「この頃ずいぶん頻繁に来ているね。どうしたの?」と聞かれました。「御社の最近の雰囲気が心配になり、来ています」と答えると、社長から「ちょっと社長室に来なさい」と言われ、社長は金庫から商業手形を出し、「君には迷惑をかけられない。これを割り引いて融資の返済にあてなさい」と言いました。支店に戻って事情を話すと大騒ぎになりました。その後この会社は倒産しましたが、支店の融資は一銭も焦げ付きませんでした。

第3節 決算書の扱い方

SCENE 2-3 決算説明

伊藤社長が決算説明のために来店

伊藤社長　支店長、今年三月期の決算がまとまりましたので報告に伺いました。

高橋支店長　ご丁寧にありがとうございます。

伊藤社長より決算の説明

高橋支店長 前期も増収増益の素晴らしい決算ですね。
伊藤社長 そうなんですが、けっこう資金繰りが忙しくて。
高橋支店長 在庫が増加しているようですが、何か理由はありますか。
伊藤社長 前期から新製品の発注があり、新しい原材料が増えてしまいました。
高橋支店長 今期の売上見込みはいかがですか。
伊藤社長 今期も一〇%くらいの増収を見込んでいます。
高橋支店長 新製品の在庫や代金の回収条件はいかがですか。
伊藤社長 それは、前期と変わりません。
高橋支店長 今期の新規の設備投資はありますか。
伊藤社長 新しい工作機械を五〇〇〇万円くらいで購入予定です。
高橋支店長 そうなると、売上増加に伴う増加運転資金と、新規設備投資資金のお借入れが必要になりますね。
伊藤社長 なるほど、そういうことになるかな。
高橋支店長 ぜひ、新規のお借入れは私どもで前向きに対応させてください。それから、一度工場を見せていただけますか。

伊藤社長　もちろん喜んで。支店長に見ていただけるのは嬉しいですね。場所が郊外になるので、半日時間を空けていただけますか。私がご案内いたします。

高橋支店長　よろしくお願いいたします。担当の中村と二人で伺わせていただきます。

多くの融資先企業は三月に決算が締まると、ありがたいことに金融機関に決算報告に来てくださいます。融資業務を作業と捉えると、データ登録、格付けのために決算書をもらうこと自体が仕事であると考えがちですが、そうではなく、決算書をもらってからが仕事です。すなわち、前期の数字の背景にある状況をつかみ、今期あるいはその先がどうなるのかを把握するという考え方で決算報告に臨むことが重要です。

したがって、決算報告は金融機関にとっても真剣勝負の場です。決算報告には一社につき一時間くらいかかることもあると思います。社長が決算書をお経のように読み上げると眠くなってしまいますが、やはり金融機関のほうから積極的に質問していくことが大切です。その質問に中小企業の社長がどう答えるかで、社長の力量も見えてきます。「お、いいとこ聞いてきたね」と、どの質問にも速く的確に答える社長もいれば、逆に部下を見て「財務課長、どうなんだっけ？」を繰り返す、何も把握していない社長もいます。

決算報告でどのようなことを聞いていくのか、具体的に見ていきましょう。決算書には損益計算書（ＰＬ）と貸借対照表（ＢＳ）があります。まずはＰＬについて聞きます。ＰＬのおおまかな構成要素は、売上、売上原価、経費、利益です。売上が増えていたとしたら、なぜ増えたのかを聞きます。

■特殊要因はあるのか
■販売量が増えたのか
■単価があがったのか
■新製品ができたのか

つまり、売上の中身を知りたいということです。

次に売上原価があって、売上総利益が出ます。売上総利益もやはりあがったり下がったりするので、その理由を聞きます。売上総利益や経費が前々期と同じであったとしても、

■売上構成が変化しているのに、本当に同じになるのか

■為替が変動しているのに、原材料費や運送費は本当に同じなのか
■人件費はどうなっているのか。従業員に対して同じ給料でよかったのか
などの疑問がわいてくるでしょう。

最終利益については、返済能力の実態を知るために償却前利益に注目すべきです。資金繰りさえ回っていれば、会社は潰れません。この資金を確認するために、償却前利益の水準を押さえておきたいわけです。

そして、重要なのは、前述のように前期より今期、来期です。過去の数字の「わけ」がわかったうえで、今期どうなるのかということを知りたいのです。決算報告で過去の内容のみを聞いて融資先の社長を帰らせてしまう支店長もいますが、私は過去のことは三分の一くらいですませ、残りの三分の二の時間で今期のことを聞きます。
■今期の売上はどれくらいか
■売上の構成は変わるのか
■経費はどうなるのか
■環境変化の影響はあるか
■従業員数はどうなるのか

次はBSです。実はPLよりBSのほうが重要です。BSのチェックでいちばん最初にすることは、資産内容の検証です。

■なぜ売掛金が増えたのか。不良債権があるのではないか
■なぜ在庫が増えたのか。不良在庫があるのではないか
■有価証券の時価評価はどうなっているのか
■その他流動資産、その他固定資産の内訳は何か
■土地建物の時価評価はどうなっているのか
■機械設備の減価償却は何年か。新規設備投資はどれくらいしたのか。償却が終わっているけれども使っている機械はあるのか

要するに資産の実態がどうなっているかを知りたいのです。たとえば、ある食品会社で在庫が一年分あったとすると、一年前に製造した食品を売ることがあるのかという疑問がわくはずです。疑問がわいたら、実際に見に行きます。

取引先に在庫五億円を計上している宝石屋があったので、私は「見せて」と頼みました。その社長は「おお、お前だけだぞ。金庫室に入れてやる」と言って、在庫を見せてくれました。確かに、宝石の山がありました。しかし、正直に言うと、私にはそれに五億円の価値があるかどうかわかりません。社長は「実は今売ったら

一〇億円を超えるんだ。五億円以上の含み益があるんだよ」と言います。私はよくわかりませんが、「そうなんですか！」と答えました。

ただ、社長が実際に在庫を見せてくれて、自信満々でそこまで言うということは、かなりの場合、おそらく本当にそうなのです。その直後、私は同じ業界の人をたくさん知っていたので、そのうちの一社の社長に「あの会社、どう？」と傍証を取りに行きました。「あの会社はすごくいい玉を持っているぞ！」と教えられました。

別のケースで、在庫一億円を計上している毛皮屋に在庫を見せてもらったら、主なものはミンクのコート一枚ということもありました。

ここらへんが中小企業金融の面白いところです。金融機関が見せてくれと言えば、融資先の中小企業はたいてい見せてくれます。見せてくれなければ、何か問題があるのかもしれません。ブラフでもいいので、「社長、在庫を見たいです」「工場を一度見たいです」と言って、社長の顔色を見るといいでしょう。相手が嫌な顔をしたら、絶対に行って見るべきです。

次に聞きたいのに、やはり未来のBSです。先に聞いたPLの見通しを踏まえて、たとえば、次のように未来のBSのイメージを社長にお聞きします。

「社長、さっき売上で新商品があると言っていましたよね。新商品の在庫はどれくらい持ちますか？　新しい原材料とはどんなものですか？　倉庫に置けますか？」「社長、機械設備はどうなっていますか？　今期の減価償却はいくらですか？　今期の新規の設備投資はいくらですか？」

原材料と在庫と売掛金の回転期間が変わらなければ、売上が一割増えれば原材料と在庫と売掛金も一割増えるはずですから、増加運転資金が発生します。

また、たとえば減価償却五〇〇〇万円に対して、一億円で新しい機械を購入するとしたら、新たな設備資金が必要になります。過去の機械は減価償却分が約定返済額と見合っているはずですが、見合っていなければ融資の組替えまたは借換えが必要です。

この段階で今期の会社の資金計画が読めますから、具体的に融資の相談を進めることができます。「社長、運転資金の増加が二〇〇〇万円くらい、設備資金も三〇〇〇万円の新規調達が必要ですよね。既存融資の借換えも必要ですよね。うちでこれくらい融資しましょう」と提案します。五月の決算報告の時点で今期の資金調達計画にまで踏み込むのです。

決算報告から半年くらいたってから、「社長、借入れお願いできませんか？」などと言う金融機関は後手を引いてしまいます。当方がメインの金融機関だったら、決算報告の時点で「うちが全体の資金需要の五割を融資します。残りについては、今、取引のある銀行のうちこことここに頼んでみたらどうですか」などと仕切ってしまいます。

決算報告の場で、その会社の現在の状況がわからないまま社長を帰してしまった金融機関との違いがここで出ます。もたついている銀行は状況が進んだところで、融資先の社長から「実は他行から五〇〇〇万円借りました」と聞かされることになります。「えっ、なぜあそこから借りたんですか？　当行もぜひお願いします」と言った時には、「いや、もう資金需要ないよ」ということになっているのです。

営業キャッシュフローや財務キャッシュフローを把握していない社長でも、在庫、売掛金、土地、機械などBSのイメージは持っているものです。二期間の貸借対照表科目の増減がわかれば、「資金運用表」を作成することができます。決算報告で社長の話を聞きながら、頭の中で資金運用表を作ってしまうのです。それほど細かい簿記や会計の知識がなくとも、実地経験を積んでいれば、頭の中でおおまかな予想資金運用表を作れるようになります。そして、少しでも気になることがあれば、現場を見に行くようにするわけです。

最後に「人」、すなわち人事や採用について聞くことが大事です。通常、決算書に従業員数は記載されませんが、最低限、従業員数がわからなければ財務分析項目の一つになっている従業員一人当たりの生産性が出せません。

■新規の採用はどうしていますか
■退職者はどうなっていますか

金融機関の過去の内部資料に「従業員数三〇人」と書かれていても、実際に確認すると、「いや、今は二〇人だ。三〇人は五年前の数字だ」ということもあります。前任者が書いた数字を、ただ転記しているだけだったのです。

私は従業員の内訳も聞くことにしています。「その二〇人のうち技術者は何人？管理部門、工場部門で働いている人たちは何人？　平均年齢は何歳？」というわけです。今、中小企業の工場では社長も含めて全員五〇歳以上のところもあり、従業員の高齢化は深刻な問題です。若手の新規採用ができているかも気になりますね。

第4節

現場での確認

SCENE 2-4

工場見学

伊藤工業の郊外の工場を高橋支店長と担当の中村さんが訪問。伊藤社長が案内

中村さん 支店長、立派な工場ですね。古い本社事務所からは想像できませんでした。

高橋支店長 本社は質素に、工場には手をかける。伊藤社長の、ものづくりへの思いが感じられるね。

伊藤社長　支店長、息子を紹介するよ。今、工場長を任せているんだ。
伊藤工場長　今日は私も一緒に説明させていただきます。
高橋支店長　ご子息が工場長をされているとは、頼もしいですね。
伊藤社長　まず原材料の倉庫からご覧ください。
高橋支店長　これが新製品の原材料ですか。倉庫もよく整理されていますね。
伊藤工場長　ここからが、製造ラインになります。手前から向こうに工程が流れていきます。
高橋支店長　立派な機械ですね。いつ購入されましたか?
伊藤社長　二年前です。償却期間は七年ですが、手入れをして使えば一五年以上は使えますよ。この機械を持っている会社は少ないと思います。
高橋支店長　なるほど。工具も色分けして、それぞれ置き場所が決められていますね。
伊藤工場長　整理、整頓、清掃、清潔、躾の5Sに取り組んでいます。効率をあげ、事故を防止するためにも大切です。
高橋支店長　若い職員もいらっしゃいますね。熟練まではどれくらいかかりますか。
伊藤社長　最低五年、一人前になるには一〇年くらいかかりますね。若手の教育には特に留意しています。毎朝の朝礼も十分に時間を取って、職員同士のコミュニケーションを図っています。おかげさまで退職も少なく、助かっています。

高橋支店長　うちも見習わないといけないな。伊藤社長、工場長、今日は本当にありがとうございました。

中村さん　私も初めての工場見学で、大変勉強になりました。

伊藤社長　そう言ってもらえてよかった。

支店に帰って

高橋支店長　中村さん、今日はどうでしたか。

中村さん　話で聞くのと、実際に見るのとでは全然違いますね。数字だけ見てわかったつもりになっていたけれど、やっぱり現場を見ないとだめですね。

高橋支店長　私も想像以上の収穫でしたよ。今日見てきたことと感じたことを箇条書きでまとめておいてください。

融資先を訪問する際には、その会社の事業価値が生み出される場所を見る必要があります。メーカーであれば工場、流通であれば倉庫、小売りであれば店舗です。

事業価値が生まれる場所を見に行かないと会社の実態はわかりません。

たとえば、小売りの店舗を見に行き、お客さんが全然入っていなければ、「社長、こんな状況で大丈夫?」ということになります。店内を見たら素人でも「これは買う気がしないな。もう少し品物の並べ方を考えたほうがいいのではないか」「この洋服は色がくすんでいるけれど、いつから置いているのだろう」などと疑問がわきます。

飲食店も入ってみると、いろいろなことがわかります。店員がこちらを見向きもしない/気を利かせてさっと来る、テーブルが拭いてある/拭いていない、店員の愛想がよい/悪い、食事が来るまでどれくらい待たされるか、終わってからの会計はどうだったか等、自分が客の立場で行ってみれば手っ取り早く実態がつかめます。

私が商店街の支店長だった時、必ず土日は取引先の小売店を片端から訪問していました。すると、せっかく来たのだから何か買っていけという話になります。「よお、どうしたの?」と聞かれて、「今日はお客さんとして来ました」と答えれば、「お客さんなら大事にしなきゃいかんな」ということで、商品を一生懸命説明してくれます。

メーカーであれば工場を見に行きますが、工場に行ったことがない融資担当者は意外と多いものです。私は銀行員時代に日本の重厚長大産業、鉄鋼・造船・海運・自動車業界の融資を担当したことがあり、日本中の大手企業の工場のほとんどすべてを見に行きました。最初は上司に連れられて行きましたが、当時の部長は一日中ずっと工場長といろいろな話をしていて、よく次から次へと質問が出るものだと感心したことを覚えています。

工場では通常、原材料が製造ラインに入り、製品ができると検証・検査を経て完成品の倉庫に運ばれていきます。そこで、まずは原材料の貯蔵状況を見ます。原材料の在庫は何か月分くらいなのか、どのように保管されているのか等、いろいろ気づくことはあるはずです。貯蔵されているのが仕掛り品であれば、それがどこでどのように作られてこの工場に搬入され、どのように完成品になっていくのかがわかって面白いものです。原材料の梱包には生産地の記載があり、たとえば「南米」等と書かれているはずです。

原材料の次は製造ラインを見ます。まったく動いていない機械があるかもしれません。その機械も貸借対照表（BS）に簿価が計上されています。逆に相当に古い機械が動いているのを見て、「もう二〇年間使っていて、当然償却は終わっています。丁寧に使えば三〇年間は動くので、簿価はゼロですが、この機械が稼ぎ頭です」

という説明を受けるかもしれません。新品の機械を指して「日本ではほかにどこにもない機械です。ドイツから持ってきました。高かったんです」と言われれば、「去年の設備資金の一億円はこれか」と自分たちが貸したお金が何に使われているのかを実感できます。

我々は素人なので機械について詳しいことはわかりません。しかし、社長や工場長が目の色を輝かせて説明してくれるのを聞いて、なるほどと思うのです。そして、その機械を目視しながら決算書のイメージとぶつけ、今期の新規の設備投資計画を積極的に聞いていきます。「今期の設備投資計画は?」「いや、実はここにこういう機械を入れたい」「それいいじゃないですか。うちで融資しますよ」というわけです。

機械の稼働状況と合わせて、いわゆる「5S(整理、整頓、清掃、清潔、躾)」ができているかもチェックします。工場では通常、人が立ち入ってはいけない場所を黄色や白のテープで示しています。そうした配慮がない工場では、事故が起きやすいと言えます。また、整理の行き届いた工場では、工具の置き場所が固定されています。でたらめに工具箱に入れられた工具の一つが下に落ちたら、事故が起きかねません。

また、歩留まりと不良在庫の有無も必ず確認すべきです。これは経理上の問題の発見につながります。製品にもよりますが、生産過程で一定割合で不良品が出ることもあるでしょう。メーカーはそれをどのように会計処理をしているのかが気になります。生産現場に行って不良品の山を見せられて損失処理していないことに気づいたことがありました。この場合、本来認識すべき損失の累積が貸借対照表（ＢＳ）に計上されていないので、実際にはそれだけの自己資本は存在せず、資金が足りなくなり、不可解な借入申込みが行われていました。

最後に、職員の状況を見ます。そこで実際に働いている人の数、その人たちの習熟度や年齢層、やる気もわかります。熟練工がいないと、事故が起きたときに対応できない心配があります。機械に不具合が起きることはないのか、過去どのようなトラブルがあったか、その場合、誰がどのように対応するのか、などの点も聞いてみたいですね。さらに、目視すべき対象には社長の様子も含まれます。自信のある社長は喜んで工場を案内しますが、そうでなければ、社長は現場を把握していない、社員とのコミュニケーションが不足しているなどの問題を抱えているのかもしれません。

決算書を分析しただけで融資ができるというのは、中小企業金融の現場をご存じない方々のおっしゃることです。現場を知っている人間は、中小企業の決算書の限界を知っているので、決算書の分析に時間をかけるよりも現場に行くことの重要性がわかるのです。したがって、時間がないから融資先に行けないというのは本末転倒であり、ほかの仕事をする時間があったら、その時間で融資先を訪問することを優先したほうがよいと思います。

金融機関は融資によってマネーを創造します。融資が焦げ付くと、元本すべてが損失になります。金融機関が潰れる原因の大半は融資の焦げ付きであり、金融機関が潰れて預金を返すことができなくなればマネーが消滅し、預金者や社会に多大な混乱をもたらすことになります。だからこそ、金融機関には、一般の事業会社にないような厳しい規制が課されています。金融機関業務の中で、融資業務以上に優先すべき業務はないと思います。

第5節 資金使途と返済方法

SCENE 2-5 貸し方改善

工場見学の翌週、高橋支店長が伊藤工業の社屋を訪問

高橋支店長　伊藤社長、先日は工場見学ありがとうございました。

伊藤社長　こちらこそ、お疲れさまでした。

高橋支店長　今日は、貸出の期限と返済方法の見直しについてご提案にあがりました。

伊藤社長　と言いますと？

高橋支店長　先日の決算のご説明の時に社長は、資金繰りが忙しいとおっしゃっていましたね。工場も見せていただいて、状況がよくわかりました。

伊藤社長　どうすればいいのですか？

高橋支店長　貸出には資金使途があり、貸出の期限と返済方法はそれに合わせる必要があります。原材料と在庫分は経常運転資金極度として期間一年で極度を見直すこととしてはいかがでしょうか。

伊藤社長　毎月の返済はなくてかまわないのですか？

高橋支店長　もちろんです。それから機械設備資金ですが、返済期限を機械の減価償却期間七年に合わせて、返済条件を組み直したいと思います。今は期間三年くらいでお借入れですね。返済が早すぎて、常時借換えが必要なため、資金繰りが忙しくなっているのです。

伊藤社長　なるほど、言われてみれば。今までどの金融機関からもそうしたご提案はありませんでした。

高橋支店長　私も決算書の数字だけでは心配だったのですが、実際に工場を見せていただき、自信が付きました。

伊藤社長 確かに、工場を見に来てくださった金融機関は高橋支店長が初めてです。これからもいろいろと相談に乗ってください。

クマさん's Comment

城南信用金庫第三代理事長・会長の小原鐵五郎氏は「貸すも親切、貸さぬも親切」と言ったそうです。しかし、借りていいお金と、借りてはいけないお金をどのように区別すればいいのでしょうか。

お金はすべてのものの代替です。特に企業が借りたお金は、なんらかのものに姿を変え、利潤を加えた額で再びお金に戻ります。この現象を会計の言葉で説明すると、企業が借りたお金は貸借対照表（BS）上、負債に計上され、そのお金で購入したものは資産に計上されます。債務超過となっていない限り、負債には必ず見合いの資産があるのです。

そこで、「資金使途」（借りたお金で何を買うか）には大きく二つあると言えます（ただし、実は後述するように赤字資金というもう一つの要資事情があります）。

1 流動資産見合いは運転資金

2 固定資産見合いは設備資金

見合いの資産（借りたお金で購入する資産）が原材料、製品在庫、売掛金であれば、その借入金の資金使途は運転資金です。土地・建物等の不動産や機械設備が見合いの資産ならば、その借入金の資金使途は設備資金になります。

このように見合いの資産があるお金は、借りてよいお金です。その見合いの資産が資金化されれば、お金になるからです。企業活動に必要な土地や建物は実際には売ることができませんが、企業活動による収益で投下資本を回収できれば同じことです。

これに対し、稟議書の資金使途欄に「月末支払資金」「年度資金」等と書いてあることがあります。「なぜお金が要るの？」に対して「月末のお金が足りないので」というわけですが、これらは単なる現象であって、資金使途とは言いません。

融資にあたっては、なぜ月末にお金が足りないのか、借りたお金を何に使うのかを明確にする必要があります。「機械を買いたいが、お金が足りない」のであれば設備資金になり、「クリスマス商戦で在庫をたくさん積み増した」のであれば運転資金にあたります。

では、資金使途欄に「従業員給与支払資金」と書いてあったらどうでしょうか。「給与を払うお金を貸してください」ということですが、このお金には見合いの資産がありません。給与は利益で払うものです。給与を支払うお金がないからお金を借りるのだとすると、この借入金の資金使途は三番目の「赤字資金」ということになります。

赤字資金には見合いの資産がありませんから、これを貸すとすれば、返済が確実なのか相当気を付けなくていけません。返済方法は資金使途で決まるのです。

運転資金については季節資金などの一時的なものを除き、基本的に約定返済を不要とし、いわゆる「短コロ（短期継続融資）」といって借換えを繰り返します。経常運転資金では、借りたお金で原材料を購入し、それを使って製品を作り、その製品を売ったことで発生した売掛金を回収して、再び原材料を購入することになりますから、返済できないのです。そこで、正常な経常運転資金見合いの貸出金は期間一年の短期融資にしておき、一年後に売上と在庫・売掛金の回転月数の状況を見て、融資枠を毎年見直すというのが原則的な対応です。

この経常運転資金に約定返済を付けると、資金繰りが破綻しかねません。短期継続融資も含めて債務償還年数が一定年数を超えていたら不良債権ではないかという考えは誤りです。経常運転資金が正常なものであれば、それを債務償還年数の計算に含める必要はありません。これは、資金使途の考え方から当然の理です。

次に設備資金ですが、土地は基本的に償却のない資産なので、土地を見合いの資産とする借入金は長い時間をかけて収益償還で返していくものです。建物や機械設備の返済期間は、基本的に減価償却期間に合わせます。

本ケースで伊藤工業は減価償却期間七年の機械設備のための借入金の返済期間を三年に設定していますが、三年間で返済できるはずがなく、必ず借換えが必要になります。これは、よく見かけるケースです。制度融資に頼って設備資金の返済期間を三年に設定し、借換えを予定していたが、旧債振替になるという理由で信用保証協会の保証が付かなかったため、借換えができない等のトラブルが起きています。

なぜ資金使途を把握するのか。それは返済方法が資金使途によって決まるからです。そして、返済原資が確実なのかも見ておく必要があります。運転資金であれば、償却前利益はプラスを確保できるか、在庫や売掛金に不良なものは入っていないかをチェックします。設備資金も償却前利益が返済財源になりますが、最初の一、二年目と三年目以降でカバーの考え方を変えたほうがいいかもしれません。たとえば、キャッシュフローを堅く見通すことのできる最初の一、二年分は担保割れを容認し、三年目以降の経済情勢は不透明なのでその金額は担保でフルカバーするといった考え方です。「どこまで信用扱いで行けるか」の判断が金融機関の融資担当者の勝負どころであり、必ずしも全額全期間を担保や保証でフルカバーする必要はないのです。

ところで、借入金と見合いの資産の関係を借り手の会社から見た場合、借入金の簿価は変わらないのに資産価値がけっこう変動するという問題があります。不動産や有価証券の価格が下落して、営業外損失によって債務超過になっては困るのです。資産価値の変動に備えるために、最低限必要な自己資本があるはずです。また、投資のために必要なお金は自己資本で手当しなければなりません。投資のお金は手金ですべきであり、株式投資や債券投資は借入れで行うべきではありません。それらも含めて、その会社には自己資本がいくら必要かを考えることも大切です。

このように、借入金と自己資本にはそれぞれの役割があります。「無借金会社がよい会社」ではありません。借りてよいお金は借りてよいのです。将来の事業価値をいかに高めるかが「会社の目的」であり、会社が無借金かどうかは事業価値と関係ありません。変な株主を入れて経営をかき乱されるより、黙って応援してくれるメインバンクからお金を借りたほうがよほど事業価値創造に寄与すると言えます。

金融機関の話に戻ると、資金使途と返済方法を知っているだけでも、その会社が借りてよいお金がわかるようになります。逆に、赤字資金を借りに来た社長に「なんで貸さないんだ、貸し渋りだ」と言われたら、「社長。借りてはいけないお金を借りたらだめです。返せないでしょう」と言えなければなりません。「ではどうするのか？」と聞かれたら、後述するように、出資、寄付、補助金、販売金融などの融資以外の幅広い検討が求められます。「貸すも親切、貸さぬも親切」なのです。

第6節 事業性評価

SCENE 2-6 日本料理店のお客さま

渡辺会長の日本料理店にて。高橋支店長は一人で食事をしていると、来店客の会話が聞こえてくる

来店客H このお店は私のお気に入りなの。一度あなたに紹介したかったのよ。

来店客I 本当に素敵なお店ね。従業員の対応も素晴らしいわ。おすすめのメニューは何かし

ら？

来店客Ｈ　私のおすすめは、鯛茶漬けよ。本当においしいの。

来店客Ｉ　私もそれにするわ。

来店客ＨとＩ、鯛茶漬けを食べ終わる

来店客Ｉ　本当においしかったわ。鯛の甘みとお茶の香りが絶妙ね。

来店客Ｈ　奥には個室もあるのよ。今度の同窓会はここにしましょう。

来店客Ｉ　そうね。みんなきっと喜ぶわ。

渡辺会長が高橋支店長のテーブルに来て座る

高橋支店長　渡辺会長、いつもお店は繁盛していますね。

渡辺会長　ありがたいことです。うちは長年のお客さまに支えていただいています。

高橋支店長　コロナ禍で閉店になった飲食店もたくさんありますが、会長のお店はよく大丈夫でしたね。

渡辺会長　実は店を開けられず、時間もあったので、これまでお世話になったお客さま一人ひとりに手紙を書きました。コロナが明けたらまたご来店くださいとね。そうしたら、皆さんから激励のお返事をいただいてね。お弁当を買いに行くよとか、お食事券を買わせてもらうよとかね。

高橋支店長　そうでしたか。

渡辺会長　嬉しかったですね。地元の皆さんからも、このお店がなくなると新年会や法事をやる場所に困ると言われてね。ひと口にお客さまと言ってもいろいろな方がいらっしゃいますね。一見の方、リピーターの方、そしてこの店を大切に思ってくださっている方……。

高橋支店長　最近の言葉で顧客エンゲージメントと言いますね。お店とお客さまの絆ですね。

渡辺会長　それとなんと言っても従業員です。あの不安な中、一人も退職せずによく頑張ってくれました。

高橋支店長　渡辺会長が、従業員の皆さんの前で、全員の雇用は守るとおっしゃったと聞いています。渡辺会長のご人徳ですよ。

渡辺会長　あそこで従業員を解雇していたら、この店は終わりでしたよ。今から新しい従業員を採用し育てるなんて考えられません。

高橋支店長 それは、従業員エンゲージメントという言葉が使われますね。お店にとって従業員の皆さんがいてくれてよかった、従業員の皆さんにとっても、このお店で働けてよかったという絆ですね。決算書の数字には表れにくい、従業員やお客さまとの絆がこのお店の本当の価値なのですね。

「これから三年間お金を貸す」ときに知りたいのは、過去の決算書ではなく、向こう三年間の決算書です。過去の延長で未来を捉えられるときには過去の決算書も有用ですが、特に現時点から見て過去三年間はコロナ禍の期間を含みます。異例の三年間の決算書を分析しても、未来について得られるものが多いとは思えません。

また、経営資源は「ヒト、モノ、カネ」ですが、会計は「モノとカネ」の動きしか捉えていません。企業の未来を左右する経営資源としては、「モノとカネ」よりも「ヒト」のほうが圧倒的に重要です。企業の未来を占うために、上記の「環境の変化」に加えて、「ヒト」に関係する経営資源を考慮することが大事になってきます。

たとえば、畑で来年リンゴがいくつなるかを知りたいとき、来年の天候に加えて、土壌やリンゴの木の根や幹に注目するのではないでしょうか。企業において土壊、リンゴの木の根と幹に相当するものを考えると、地域社会、顧客、従業員、経営者ということになります。これを会計上は認識できない資産という意味で、社会関係資産、顧客資産、従業員資産、経営者資産というように整理することもできるでしょう。

事業性評価とは、企業の社会関係資産、顧客資産、従業員資産、経営者資産を把握し、環境の変化に照らして将来の事業価値がどうなるかを評価することだと考えられます。孟子の「天の時は地の利に如かず、地の利は人の和に如かず」(天の時より地の利が大事、地の利よりも人の和が大事)という言葉にならい、事業性評価を考えるポイントについてお話ししましょう。

「天の時」とは、経営環境の変化です。社会がどう変わり、お客さまが何を求めるようになるか。それに応じて既存マーケットが縮小したり、新しいマーケットが出現したりします。たとえば、高度成長時代はモノとカネがなく、ヒトが増えていきました。都市銀行はオーバーローンで預金が足りず、借入ニーズは山ほどありました。ところが、今はヒトが減って、モノとカネがあふれており、言わば経営資源の状況がすべて逆になっているのです。そのため、企業も金融機関も既存のやり方だけでは立ち行かなくなっています。一方で、変化に対応すると言っても、ボールが来る前にバットを振っては空振りです。天の時を読み、半歩早く動き出すことが肝要です。

「地の利」とは、当該企業の競争上の地位ということです。自社の個性や強みを問い、自らの価値を自覚することが大切です。競争相手は同業他社だけではなく、異業種が競争相手になる可能性もあります。スマホ一台あれば、電卓もカメラも買わないようになりました。そのような場合であっても企業の戦略を考える際に有用な考え方として、ランチェスターの法則があります。競争上の地位を踏まえ、強者の戦略（物量と価格に物を言わせて市場全体を支配する）と弱者の戦略（市場をセグメントし、経営資源を集中して局地戦、接近戦で勝利する）に分けるものです。

中小企業は自らの強みを考え、弱者の戦略を採用します。物量や価格では大企業に太刀打ちできなくても大手には入り込めない市場があるものです。たとえば、その市場がニッチで、規模の利益が求めにくいケースです。そのような場合、その市場に特化する中小企業は大手に勝つことができます。

最後の「人の和」とは、企業とお客さまや従業員との絆です。お客さまから「この街にはお宅しかないのだから潰れられては困る」と思われている店か。従業員たちが「この会社で働いていてよかった」と言えるかどうか。地域社会に根を張り、お客さまや従業員と強固な絆で結ばれている会社はどんな環境変化があっても潰れることはありません。そして、最大の人的資産は経営者です。人を見て貸すとは、経営者と正面から向き合うことから始まると思います。

第7節　創業支援

SCENE 2-7　のれん分け

渡辺会長が支店を訪れる

渡辺会長　支店長、ちょっとご相談があるのですが。

高橋支店長　会長、どうされました?

渡辺会長　実はうちの板前の中川さんが今度独立することになってね。のれん分けして、隣町で新しい料理店を開店することになりました。

高橋支店長　それはおめでとうございます。中川さんは長いですよね。

渡辺会長　うちに来て一〇年以上になります。板前の腕もいいし、何よりも努力家で性格も申し分ない。四〇歳までに自分の店を持ちたいという彼の夢を実現させてあげたいと思うんだ。

高橋支店長　中川さんとお話しいたしますか？

渡辺会長　そうしてもらえますか？　もし彼から借入れの申し出があったら、私が保証人になってもいいから、前向きに聞いてやってください。

高橋支店長　会長、大丈夫ですよ。

中川さん来店

中川さん　支店長、このたびはよろしくお願いいたします。

高橋支店長　渡辺会長からお話は伺いました。今はどんな状況ですか。

中川さん　隣町で二か月後にオープンする予定です。これから私の会社を設立いたします。こちらの支店で、設立払込みと口座開設をお願いできますか。

高橋支店長 もちろんです。これからの資金計画を教えていただけますか。

中川さん 私の預金が五〇〇万円あります。必要な資金は、入居保証金のほかに店舗の内装工事費用、厨房設備、テーブルや椅子や食器の購入費などで、合計二〇〇〇万円くらいになります。

高橋支店長 県の創業支援制度が使えますね。私どもが窓口になります。日本政策金融公庫もご紹介しましょう。開店後の売上や収益の見込みはいかがですか。

中川さん こちらの表のとおりです。顧客単価と来店客数は堅めに見ています。隣町は私の生まれ住んでいる街なので、集客もなんとかなるかと思います。

高橋支店長 従業員はどうされますか。

中川さん 渡辺会長から一名お世話いただきました。あとは当面、パートさんで考えています。

高橋支店長 状況はだいたいわかりました。一度現場を見せていただけますか。

中川さん もちろんです。よろしくお願いいたします。

創業支援にあたってまず重要なことは、事業の目的を明確にすることです。起業したいと言う人からよく聞くのは、「お金を儲けたい」「ＩＰＯをしたい」という言

葉です。しかし、それは事業の結果であって目的ではありません。他方で「私はピアノが大好きなんです」と言う人もいます。しかし、それはその人の趣味でしかありません。

事業とは、自分以外の人になんらかの貢献をする対価としてお金をもらうことです。自分以外の人のことを考えなければ、事業にはなりません。自分がお金を儲けたいとか、ピアノを弾きたいというのは事業にはならないのです。事業である以上、ピアノを通じて子どもたちに明るくなってもらいたいとか、この街をこういうふうにしたいといった、世のため人のための社会性が必要です。

定款に「会社の目的はお金を儲けることである」と書いてある会社はありません。法人格を持つということは、社会的価値のある存在になるということだからです。「会社の目的は金を稼ぐことだ！」と言っている社長に対しては、「社長、定款のどこにそんなことが書いてあるの？」と言い返しましょう。確かにお金を稼ぐことは企業が存続するための必要条件ですが、やっていることに社会的価値がなければ存続する意味がありません。

事業の目的が明確であれば、現実のお客さまは具体的な個人から考えるとよいでしょう。最初はその一人に喜んでもらえるような商品・サービスを提供し、喜んでくれる人を一人ずつ増やしていきます。これは「ペルソナ設定」というブランディングの手法です。最初から不特定多数を念頭に置いて売れるかどうかわからないものを大量に作るより、このやり方のほうがはるかにリスクは少なくてすみます。

次に、「誰と一緒にやるのか」を考え、法人形態をどうするかを決めます。従業員ではなく会員を募って運営する事業であれば、株式会社ではなく一般社団法人やNPO法人にしたほうがいいかもしれません。いずれにしても、多くの事業は一人ではできないので、たくさんの人とつながる必要があります。起業を希望する人は「自立したい」と言う人が多いのですが、仲間を募らずなんでも自分一人でやろうとするのは「孤立」しているだけで、自立と孤立をはき違えています。「自立」とは、たくさんの人と助け合いながら生きていくことだと思います。

三番目に大事なのは、資金です。経営コンサルタントの創業支援で、売上計画をもっともらしく作ることばかりに気を取られているケースが見受けられますが、事業を立ち上げるときにはまず資金が先に来ます。売上計画の前に入居保証金や家賃、改装費や備品の購入費、原材料や商品の仕入資金をどうするかを考えなければなりません。自己資金で足りない分は借り入れればいいと考えている起業者がいるかもしれませんが、金融機関は返済方法が見えなければお金を貸すことができません。借入れでの資金調達には資金計画が必要になります。前述したように、売上計画に連動した未来の貸借対照表（BS）を作成し、それをもとに資金計画を作成することになりますが、そこまでできる経営コンサルタントは多くありません。

ただ、創業資金の調達方法は借入れだけではありません。実は借入れを含めて四つの資金調達方法が考えられます。

一つ目は、「売上の前倒し」です。たとえば、飲食店なら「来月オープンするよ。今なら一〇回分の値段で一一回利用できるチケットがあるよ」と言って、食事券やコーヒー券を売るのです。チケットを売って得たお金は前受金として負債勘定に入ります。購入型のクラウドファンディングもよいかもしれません。

二つ目は、「寄付、会費、助成金」です。会員制サービスの形を取って会費を頂戴すれば、サービスを提供する前にお金をもらうことができます。寄付型のクラウドファンディングも考えられるでしょう。国や地方自治体が交付する補助金・助成金も調べてみましょう。

三つ目は、「自己資本」です。自分の手元資金だけで足りなければ、親族・友人などからの応援が可能か、ほかに共同出資者がいないかを検討します。

最後の四つ目が「融資」です。

以上、四つの資金調達方法のすべてを相談できる金融機関は多くありません。創業をリアルに考えれば、上記四つをベースにさまざまな資金調達方法の最適な組合せをアドバイスしたいものです。

第8節　事業再生

SCENE 2-8　ホテルの事業再生

田中課長があわてた様子で支店長室に入ってゆく

田中課長　支店長、街のホテルが今月末資金繰りショートするそうです。

高橋支店長　それは大変だ。安藤社長とご子息の安藤専務に来てもらってください。一緒にお会いしましょう。

安藤社長、安藤専務来店

高橋支店長 社長、資金繰りの状況はいかがですか。
安藤社長 このままだと、今月末一〇〇〇万円くらい足りません。追加のご融資をお願いします。
高橋支店長 社長、そうは言っても、これまで五期連続で赤字ですよ。どのように返済されますか？　以前からお願いしている、経営改善計画をお見せいただけますか。
安藤社長 まだできていなくて。支店長、私は二〇年前、今のホテルを改装したんです……。
高橋支店長 社長、今日は昔話をお聞きしたくて来ていただいたわけではありません。当面の具体的な経営改善策と、今後のビジョンについてお考えをお聞かせください。
安藤社長 それはちょっと……。
高橋支店長 ご子息の専務はどうお考えですか？
安藤専務 私の考えを申し上げます。まず顧客単価をあげなくてはなりません。そのためにも、レストランのメニューを新しくし、より魅力あるメニューに変えたいと思います。

高橋支店長　なるほど。集客はどうしますか。

安藤専務　インバウンド対応が必要です。実は私の友人がタイの旅行会社にルートを持っていますので、そちらからあたってみたいと思います。

高橋支店長　ほかにはありますか？

安藤専務　ＤＸ化ですね。ホテルの予約の受付、フロントのチェックイン、チェックアウト業務、顧客管理などの改善が必要です。あわせて会員制の導入も検討しなくては。

高橋支店長　かしこまりました。まず、今後半年間に行う具体的なアクションを決めてください。

安藤専務　はい。一週間以内に作ってお持ちします。

高橋支店長　それを前提に、今月末から半年間、貸出の元本返済猶予、金利の減免・棚上げを検討しましょう。今後の資金繰りをもう一度精査いたします。

安藤専務　ありがとうございます。ぜひご指導ください。

高橋支店長　それから社長、そろそろご子息にバトンタッチされたらいかがでしょうか？

安藤社長　私も今年で七八歳、息子ももうすぐ五〇歳か……。

高橋支店長　それでは一週間後に御社に伺いますのでよろしくお願いいたします。

借入金の返済に行き詰まった会社は事業再生の局面に入ります。事業再生では、まず直近の貸借対照表（ＢＳ）に計上されている資産の内訳を精査し、借入金と見合いの資産の紐付けを行います。当初どういう名目で貸したかではなく、今の実態はどうなっているかの確認です。

そして、債務超過でなければ必ず見合いの資産があるはずなので、それを踏まえて借入れを再構成し、それに合わせて今後の返済計画を作っていきます。運転資金見合いの借入金を転がしにすれば、なんとかなるケースもあります。貸し方改善ではうまくいかないようであれば金融支援のフェーズになります。

ここで確認すべきは、足元で償却前利益がプラスを確保できているか、向こう数年間の資金繰りがどうなるかです。償却前利益がマイナスなら、まずはこれをどのようにプラスにするかを考えなければなりません。今後の資金繰りは、未来の貸借対照表（ＢＳ）をもとに予想資金運用表を作って確認することになります。

金融支援ではまず、貸出金の元本の返済猶予や金利の減免を考えます。その目的は、経営者を資金繰り不安から解放し、事業の立て直しに専念させることです。ラーメン屋の親父さんが資金繰りばかり気になっていると、ラーメンの味が落ちると言われます。これでは事業再生などできません。「半年間、資金繰りの面倒を見るから、その間に事業を立て直すように」と言って、経営者を本業に専念させ、本業の償却前利益をプラスにするためにどうするかを本気で考え実行してもらうのです。

こうした条件を付けずに、漫然と金融支援しても意味はありません。金融支援は、借り手側の経営改善計画の策定および実行とセットです。金融機関は借り手が本当に約束したことを実行しているか、その成果は出ているかを細かくチェックする必要があります。借り手の努力をどのように支援するかは、本章第一〇節の本業支援でお話ししたいと思います。

実質債務超過の場合は、自己資本を増強しなければなりません。将来の収益で債務超過分を埋めることができる場合もあります。それが無理な場合、含み益のある有価証券や不動産を売ることが考えられます。また、社長がお金持ちであれば増資の引受け、または会社への貸付金の資本や劣後ローンへの振替え（DES・DDS）、さらには債権放棄も検討できるかもしれません。

こうした自助努力に限界があれば、第三者からの出資、M&A、寄付という選択肢を俎上に載せます。金融機関の債権放棄やDES・DDSは金融機関の株主に対する背任行為や預金者保護の観点から慎重に検討する必要がありますが、私的整理ガイドラインの考え方のように、会社を潰すより生かしたほうが経済合理的であるということになれば、そうした経営判断もありえます。会社をグッド／バッドに分割するなどの外科的手法や、貸出債権の第三者への売却なども視野に入れます。また、日本政策金融公庫の資本性劣後ローンなどあらゆる可能性を検討してみましょう。

第9節

事業承継

SCENE 2-9

社長の交替

安藤社長の来店から一週間後、今度は高橋支店長が、安藤社長が経営するホテルを訪れる

安藤社長　支店長、あれからいろいろ考えてみたのだが、社長の座を息子に譲ることにしたよ。私は取締役も退任し、顧問の肩書にしようと思う。

高橋支店長　社長、ご決断でしたね。

安藤社長　決断が遅かったかもしれないね。社員全員に私から話したら、みんなもわかってくれたよ。これからは息子の指導をよろしく頼みますよ。

高橋支店長　かしこまりました。

安藤社長　それにしても、こうなると寂しいものだね。このホテルは私の人生そのものなんだ。これからどうしたものかな。

高橋支店長　社長は個人としても、まだまだこの街に必要な方だと思いますよ。

安藤社長　商店街組合長の渡辺さんと今度ゆっくり話してみるかな。

高橋支店長　はい。若い経営者たちをぜひ応援してあげてください。

安藤専務　支店長、今週臨時取締役会を開き、私が社長になります。向こう半年間の具体的な経営改善施策をまとめましたので、ご覧ください。

高橋支店長　必ず実行してください。二週間ごとに進捗状況の報告をお願いします。

安藤専務　かしこまりました。

高橋支店長　資金繰りですが、DXなどは補助金が使えますね。補助金が下りるまでは時間がかかりますが、その間は私どもでつなぎ融資をいたします。あとは先日申し上げたとおり、貸出の返済猶予と金利減免・棚上げを行えば大丈夫だと思います。

安藤専務　ありがとうございます。半年後には正常な取引に戻せるよう頑張ります。

それにしても、あらためて社長の責任の重さを痛感しています。ゴルフで言えば、フロントとフルバック以上に景色が違います。今まで私は親父にずいぶん反発してきましたが、今回社員一人ひとりと面談して、親父がどれだけ社員から慕われていたかを痛感しました。自分は親父とこのホテルのことを何もわかっていなかったのかもしれません。

高橋支店長　専務がそれに気づかれただけでご立派ですよ。事業承継とは、人と人との絆のバトンタッチであり、人生そのものと向き合う機会でもありますから。

クマさん's Comment

経営者にとって、「出処進退」のうち「退」がいちばん難しいようです。私が信用組合のトップを務めたのはたかだか八年間ですが、それでも人生の覚悟を持って一生懸命やっていましたから、退任する時には大きな喪失感がありました。まして二〇年、三〇年と自分の子どものように会社を育ててきた中小企業の社長がリタイアする時の寂しさは察してあまりあります。このあたりをわかっていないと、事業承継の話はできません。

ある老舗会社の社長に会って事業承継税制やM＆Aの説明をしていたら、「俺は生まれた時から三代目、死ぬまで三代目だ。私の息子は生まれた時から四代目だ。何がM&Aだ」と叱られたことがあります。社長の人生に向き合う気持ちがなければ、「サラリーマンが何を言っているんだ」と門前払いを食らってしまうということです。経営者の退き方と退いた後の人生についてお話しするという気持ちで接したほうがよいと思います。

逆に、会社の買い手を探してほしいと頼まれたこともあります。アパレル業界だったのですが、その会社はブランドが一つしかなく、今の社長なしでは会社は立ち行かないだろうという判断でした。ある中堅企業が手をあげて、その会社は数億円で売れました。株式譲渡の日の夜に社長と一緒に食事をしたのですが、社長はしみじみ「田舎から出てきて、三〇代で会社を立ち上げ、ここまで来た。私のブランドは残ったし、従業員は大きな会社の社員になった。お金も手元にある。いい人生だったが、さて明日からどうするかな」と言っていました。

一方、事業を引き継ぐ側は、前任者のやっていたことを踏襲するのではなく、まったく新しい価値を創り出していく第二創業の気持ちがないと時代の変化に対応できないと思います。そして、こうした場合、たとえば後を継いだ息子は父親のやり方を否定するところから入りますから、トラブルになることも多いと思います。

お客さまや従業員は、父親とのこれまでの人間関係を大事にしているからです。

自信満々で会社の後を継いでも、実際に経営してみるとその難しさがわかり、お客さまや従業員からは総スカンを食らってしまう。そこで初めて、「家族としては一緒にいたけれど、自分は父親の苦労を何も知らなかった」と気づくわけです。こうした挫折を乗り越え、お客さまや従業員との新たな関係を築いた後継者は成功します。時代の変化である「天の時」の動きを踏まえ、自社の価値や承継者の個性である「地の利」を生かして、従業員やお客さまとの「人の和」によって新たな事業価値をどのように作っていくかに事業承継の要諦があると思います。

第10節 本業支援

SCENE 2-10 新社長からの相談

経営改善施策の開始から半月後、安藤新社長が支店を訪れる

安藤新社長 高橋支店長、この半月の状況について説明にあがりました。

高橋支店長 よく半月でこれだけ行動されましたね。

安藤新社長 今日はいくつかご相談とお願いにあがりました。

高橋支店長 私どもでできることでしょうか？

安藤新社長 図々しいお願いだとは思うのですが。まず、営業協力のお願いです。ホテルの一階のレストランのランチタイムの利用が少ないのです。今回お得な一〇枚つづりのお食事券を作りましたのでご購入いただけませんでしょうか？

高橋支店長 それでしたら喜んで。私もお客さまとの会食に使わせていただきます。まとめて買わせていただきます。当店のお客さまにもご案内しますよ。

安藤新社長 ありがとうございます。資金繰り上も、お食事券を事前にご購入いただけると助かります。それから、二点目は人の問題です。ベッドメイクなどの職員が不足していて、数名採用をしたいのですが、どこかとおつなぎいただけませんか？

高橋支店長 外国人の方でもよろしいですか？ ネパール人の人材派遣会社とのお取引が当店にありますよ。

安藤新社長 ぜひご紹介ください。助かります。あとはDXに詳しい方をご紹介いただけませんか？

高橋支店長 これも、いい方がいらっしゃいます。ご紹介いたしましょう。

安藤新社長 あと急ぎませんが、私の右腕になってくれる経理の責任者が必要です。五〇代の金融機関のOBの方がありがたいのですが……。

高橋支店長　これは……。少し時間をください。人事部とも相談いたします。

安藤新社長　最後に地域との連携です。実は、父が渡辺商店街組合長とお話して、ホテルと商店街の連携について検討しています。お恥ずかしい話ですが、これまで商店街の方々とはあまり接点がありませんでした。ホテルの宿泊者に商店街のお店を紹介することもできます。

高橋支店長　それは素晴らしいですね。市の商工課や商工会議所、まちづくりの会議をご紹介しますので、ぜひご参加ください。

安藤新社長　いろいろとすみません。お金以外でも、金融機関のお持ちになっている情報はとても有益です。

高橋支店長　私たちはお金だけではなく、人、物、情報などすべての経営資源の仲介業だと思っていますよ。これからもなんなりとご相談ください。

本業支援とは幅広い概念ですが、従来の金融支援の範囲を超えた支援になります。

第一に、資金支援の方法は融資だけにとどまらず、前述の四つの支援すべてを視野に置きます。地域の中小企業が独力で、他地域や海外に販路開拓するのは難しい

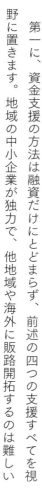

でしょう。その際、売上増強や販路開拓と合わせた入金の前倒しなどの販売金融も考えられます。会員制導入などによる会費収入や、クラウドファンディングが有効な場合もあります。出資やＭ＆Ａのニーズも踏まえ、ベンチャーキャピタル（ＶＣ）との連携やファンドの組成も必要かもしれません。

第二に、カネ以外の経営資源、すなわち、ヒト、モノ、情報、知的資産といった経営資源の仲介です。地域における金融機関の仲介機能は、資金にとどまりません。特に昨今では人材の支援が重要になってきています。おカネよりも人手不足が最大の問題になっている企業は多いと思います。地域において金融機関は、最もさまざまな情報が集まりやすい立場にあります。金融機関の五〇歳を超えた職員を取引先に出向・転籍させることもありますが、さらに中途採用や副業人材、シニア人材、外国人人材などを紹介してほしいとの声は多く聞かれます。また、士業・ＩＴの専門家についても、中小企業は人材にアクセスするルートを持っているケースは少なく、紹介を依頼されることが多いでしょう。

第三に、従来の金融支援が個社支援にとどまっていたのに対し、今後は商店街や地域全体を視野に置いた、まちづくり支援や地域創生が求められるということです。そのためには行政との連携が不可欠になります。ＤＸ補助金や事業再構築補助金などの情報も逃さずにチェックしましょう。ふるさと納税や地域通貨の導入、ソーシャルインパクトボンド（ＳＩＢ）なども、行政との連携が欠かせません。

こうした取引先の本業支援ニーズに応えるためには、金融機関の職員たちが金融業界の外の人々と積極的につながっていかなければなりません。たとえば、県庁や市町村役場などの行政、クラウドファンディングやベンチャーキャピタル（ＶＣ）、地方商社、ＤＸの専門家、外国人コミュニティなど、いろいろなつながりが考えられます。アンテナを張り、地域の内外や行政とつながりを持っている人がどれだけいるかが、金融機関の力の差になってくるのです。

お金以外の経営資源の仲介は、支店と本部の総力戦になります。支店長の関係性は地域の中に限られがちなので、本部に地域の外とのつながりを促進する部署があると支店は助かります。ただ、組織という器があってもノウハウを持っているのは人なので、そこで働く職員一人ひとりの視野の拡大と経験の積み重ねによる成長が求められます。

第11節 経営者の資質

SCENE 2-11 伊藤社長との会食

鈴木常務が臨店し、高橋支店長も交えて伊藤社長とランチ。夜は渡辺会長との会食が予定されている

鈴木常務　伊藤社長、今日はお時間をいただきありがとうございます。

伊藤社長　こちらこそお招きいただき恐縮です。

鈴木常務　最近の業績はいかがですか？

伊藤社長　おかげさまで順調です。最近はチャットＧＰＴの活用に取り組んでいます。

高橋支店長　伊藤社長は本当に新しいことをよく勉強されていますね。

伊藤社長　時代から取り残されないようにしないと。中小企業の経営は、スピードと小回りが重要ですから。

鈴木常務　伊藤社長は、座右の書などはおありですか？

伊藤社長　佐藤一斎の言志四録かな。松下幸之助さんや稲盛和夫さんの本もよく読みますね。

高橋支店長　本から知識を得るだけではなく、それを経営に実践されているのはさすがです。

伊藤社長　経営者は実践してなんぼですからね。ものづくりは私の天職だと思っています。

鈴木常務　天職ですか。

伊藤社長　はい。二〇代で起業して、かれこれ五〇年になります。小さな会社ですが、お客さまのニーズに応えようと工夫し、ずいぶん精密なものも作れる技術ができました。

鈴木常務　そうして、ほかの会社がまねのできないオンリーワンの会社になった。

伊藤社長　しょせんニッチですが。でも、私は自分らしく生きることができて幸せだと思っています。息子も後を継ぐつもりのようですし。

鈴木常務　伊藤社長のような方とこうしてお話ができるのは、金融人冥利に尽きます。

高橋支店長 私も伊藤社長のように、地域金融は私の天職だと言えるようになりたいです。

伊藤社長 私からすると、金融機関の皆さんの人脈や視野の広さはあこがれですね。人は死ぬまで成長することができるそうです。ぜひこれからもよろしくお願いいたします。

SCENE 2-12 渡辺会長との夜の会食

渡辺会長の日本料理店で

渡辺会長 今日は私どもの店をご利用いただきありがとうございます。

鈴木常務 高橋支店長からこちらの鯛茶漬けの話は聞かされていてね。やっと念願がかないました。それにしても、素敵なお店ですね。

渡辺会長 ありがとうございます。この店は、戦前に祖父が開きました。私は生まれた時から三代目。社長は息子に引き継ぎましたが、息子は四代目です。我が家の家業ですね。

鈴木常務 なるほど。お店の風格はそうして作られてきたのですね。

渡辺会長　常務、私は運がいいのですよ。

鈴木常務　運ですか？

渡辺会長　はい。バブル崩壊のあと、大変な時期もあったのです。ある方との出会いがなければ、乗り越えられなかったかもしれません。コロナ禍の時も、たくさんの方が助けてくださいました。私は本当に人の縁に恵まれています。

高橋支店長　私は一つ気づいたことがあります。会長から人の悪口を聞いたことがありません。

渡辺会長　私はそんなに聖人君子ではありませんよ。でも、悪い言葉は自分の心を汚しますよね。

鈴木常務　ご趣味はおありですか？

渡辺会長　海が好きですね。大自然の中にいると心がきれいになります。経営者には、自分の心を整える場所が必要ですね。

高橋支店長　渡辺会長はいつも商店街のために頑張っておられます。

渡辺会長　母親から、世のため人のためと言われて育ちました。情けは人のためならず。商店街あってのこの料理屋ですから。

鈴木常務　座右の銘とかはおありですか。

渡辺会長　中江藤樹の「五事を正す」ですかね。仏教の「無財の七施」もいいですね。

鈴木常務

今日はよくわかりました。渡辺会長の運がいいのは人徳の賜ですね。大変勉強になりました。これからも時々お話を伺わせてください。

クマさん's Comment

経営者は中小企業の最大の人的資産であり、お金を貸すかどうかの最終的な拠り所は経営者の人格です。経営者の人格を知るためには、その人と会うだけではなく、経歴や家族・親族・友人がどんな人たちかも調べます。業界の評判も重要です。

私の経験上、優れた経営者には次の四つの特徴があります。

1 学びと実践
2 徳と人望
3 強運と未来志向
4 覚悟と個性

〈SCENE2－11〉の伊藤社長については、このうち「1学びと実践」と「4覚悟と個性」を念頭に置きました。優れた経営者は歳を取っていても本当によく学んでいます。しかも、理屈や本の虫ということではなく、時代から取り残されることのないよう、学んだことをしっかりと実践されています。また、そういう経営者は個性が磨かれて、しっかりとした自分をお持ちです。「この仕事は私の天職だ」とおっしゃった社長がいらっしゃいました。仕事に対する人生の覚悟を感じる経営者の方は信頼できます。

佐藤一斎の『言志録』第一〇条には「天何故にか我が身を生み出し、我をして果たして何の用にか供せしむる。我既に天のものなれば、必ず天の役あり」との言葉があります。こうした経営者とお会いできることは、金融人としての喜びです。

他方、〈SCENE2－12〉の渡辺会長で念頭に置いたのは、「2徳と人望」と「3強運と未来志向」です。徳と人望がある人とは自分のことだけではなく、世のため人のために何かをしたいと考えています。知情意のバランスが取れ、あの人は「できた人」だと感じさせられるのです。そして、そのような経営者はことごとく「新田さん、私は運がいいんですよ」と言うのです。人とのご縁を大切にされ、未来に明るいビジョンをお持ちなのでしょう。

ところが、ある日、たまたま経済同友会で前野隆司（慶應義塾大学大学院システムデザイン・マネジメント研究科教授／武蔵野大学ウェルビーイング学部長）先生が「幸せの四因子」という話をされているのを聞き、それが私の考えていた優れた経営者の四つの特徴と符合するので驚きました。前野教授によれば、次の四つの因子を持っている人は自分を幸せだと感じるのだそうです。

1 やってみよう 夢、目標、成長

自己実現と成長の因子

2 ありがとう 親切、利他的、多様な友

つながりと感謝の因子

3 何とかなる 楽観的、ポジティブ

前向きと楽観の因子

4 ありのままに 自分らしく

独立と自分らしさの因子

結局、優れた経営者は皆幸せの因子を持っていて、取引先や従業員に幸せをばらまき、幸せな人がつながるのです。ということは、我々自身も幸せの因子を持つようになれば、幸せの因子を持った経営者につながることができるはずです。逆に、夢がなく利己的で、悲観的で、人の目が気になって仕方がないという人は、つらいですね。

最後に、近江聖人と言われた中江藤樹（陽明学者）の「五事を正す」と仏教の「無財の七施」を渡辺会長の座右の銘として紹介します。

五事を正す　中江藤樹

貌　なごやかな顔つきで人と接し
言　思いやりのある言葉で話しかけ
視　澄んだ目でものごとを見つめ
聴　耳を傾けて人の話を聴く
思　真心を込めて相手のことを思う

無財の七施

眼施　やさしい眼差し
和顔施　にこやかな顔
言辞施　やさしい言葉
身施　身体でできること
心施　心をくばる
壮座施　席や場所を譲る
房舎施　家を提供する

第3章

地域創生と社会的金融

第1節

まちづくりのヒント

SCENE 3-1

商店街の未来

商店街振興組合の会議のあとで、渡辺会長と高橋支店長の会話

高橋支店長　渡辺会長、いつも商店街のためにご苦労さまです。

渡辺会長　支店長、今日は会議に出席いただきありがとうございます。支店長は今の商店街の状況について、どうご覧になっていますか。

高橋支店長　渡辺会長がよくまとめていらっしゃいますね。素晴らしいと思います。

渡辺会長　私は子どもの頃からこの商店街で育ってね。以前から比べると人通りが減り、子どもたちの姿も少なくなった。シャッターを下ろした店も出てきたね。

高橋支店長　そうですか。

渡辺会長　支店長は、五年後、一〇年後にこの商店街がどうなると思いますか。いや、どうしたいと思っていますか？

高橋支店長　そうですね。若者や子どもたちが元気に行き交う街であってほしいですね。

渡辺会長　私も同じ思いだよ。それから、あまりチェーン店ばかりになってほしくないな。特色ある地元の店がそれぞれの輝きを発し、商店街全体として点描画のような姿であってほしいと思っているんだ。

高橋支店長　会長の思いは地域の皆さんにも通じていますよ。私たちへの期待はありますか？

渡辺会長　もちろんたくさんあるよ（笑）。支店は商店街の真ん中にあるから、皆さんが街の一員として協力してくれないと困るね。

高橋支店長　商店街が寂れてしまえば、私たちの業績もおぼつかなくなります。一緒に頑張りますよ。ところで、会長はいろいろな地域をよくご存じですよね。どこか参考にされているところはありますか。

渡辺会長　私は城崎温泉が好きでね。毎年行っているよ。あの街の歴史は参考になるね。

高橋支店長　城崎温泉ですか。私はまだ行ったことがありません。教えていただけますか。

クマさん's Comment

何かを実現しようとするとき、普通は今を起点にして課題を設定し、課題を一つひとつ解決していくという形を取ります（フォアキャスティング）。しかし、その前に将来どのような姿にしたいのか、未来をデザインすることが必要です。未来の時点に立って、そこから今を振り返るという思考になります（バックキャスティング）。前者は部下に任せることができますが、経営者にとって後者のアプローチは欠かせません。

経営者が思い描く未来は、よく「ビジョン」と言いますが、私は画像や動画をイメージします。ビジョンは、細部まで生々しくリアルに思い描くことが重要です。リアルと区別できないほど詳細なイメージを脳の中で作ると、人はそれに向かって一生懸命に動き出すことができます。京セラ等創業者の稲盛和夫さんも盛和塾で、イメージから色や匂いまで感じられるようになると、それが実現すると言っていたそうです。

金融機関が新しい店舗を出すとき、「to－doリスト」にやらなければならないことを山ほど書きますが、課題に縛られているだけでは暗くなってしまいます。一方で、店が完成したあとの明るい未来のイメージを共有できれば、ワクワクしながら仕事ができるのではないでしょうか。私が代表理事を務める「ちいきん会」（次節参照）では毎年七月二〇日の「中小企業の日」に、中小企業の社長の皆さんに「未来の絵日記」を書いてもらい、それを語ってもらうイベントを応援しています。〈SCENE3－1〉で渡辺会長が語っている未来の商店街のイメージは、「点描画」という言葉で表現されています。これは私が支店長だった時、銀座の老舗の社長たちから聞いた言葉です。彼らは「銀座の老舗は皆小さく、間口が狭くとも、黄・青・赤などそれぞれ自分の色を持っており、点描画のように銀座という街を作っている」と言っていました。チェーン店ばかりの街はつまらないものです。グッチやエルメスもよいが、昔からある銀座にしかない店が生き続けることが大事なのだということでしょう。

渡辺会長の最後のセリフに出てくる、城崎温泉について紹介しましょう。志賀直哉の『城の崎にて』（一九一七年）で有名なこの温泉街は、約一〇〇年前の北但大震災（一九二五年五月）で壊滅しました。街の復興にあたった先人たちは、街全体を大きな温泉宿にするというビジョンを描き、それを実現しました。今の城崎の温泉街は、駅が「玄関」、道は「廊下」、宿は「客室」、そして外湯は「大浴場」と、街全体が一つの大きな温泉宿にたとえられます。

城崎温泉の一軒一軒の宿には小さな風呂しかなく、そのかわりに温泉街の中心に七つの大風呂（外湯）があります。宿泊客は宿に着くと浴衣に着替えて首から下げる札をもらい、下駄でカランコロンと、どの風呂へ行こうかとのんびり出かけます。街には飲食店や輪投げや射的で遊べる娯楽場があります。若い子たちも浴衣姿でそぞろ歩きをし、城崎の温泉街は夜も賑わいます。まさに共助のまちづくりです。

高度成長時代に客をホテル内に抱え込んで外に出さないようにし、お金をすべてホテル内で使わせるスタイルが広がりましたが、それでは客は飽きてしまいます。宿泊客はやはり街を歩いて見て回りたいのです。城崎温泉のように街全体で助け合って客をもてなしてくれる形のほうが、客は長く滞在できるのです。地元の但馬信用金庫もこうしたまちづくりを一生懸命サポートしています。

城崎温泉が所在する兵庫県豊岡市は、演劇の街としても有名です。公立の芸術文化観光専門職大学があり、平田オリザさんが学長を務めています。日本中の演劇志望の若者が豊岡市に集まっており、同大学の倍率は高くなっています。毎年九月には豊岡演劇祭が開催され街中が演劇で賑わいます。また地域通貨「豊岡演劇祭コイン」もあり、街の中で物・サービスが循環します。

豊岡演劇祭はフランスのアヴィニョン演劇祭がヒントだということです。人口七〜八万人と同じくらいの規模の豊岡市を「東洋のアヴィニョン」にしたいという構想です。大企業を誘致したり、大きな箱物を建てたりしなくとも、人を惹きつけるような地域の特色があれば、地域創生はできるのです。

ヨーロッパに「シビックエコノミー」「シビックプライド」と呼ばれる考え方があります。住民たちが自分の街に対する誇りを持ち、地域の特色を生かした経済の生態系を形成するということです。たとえば、二〇年ぐらい前、オランダのアムステルダムでは若者たちが"I am Sterdam"とプリントされたTシャツを着て歩き回っていました。"am"が都市名とかぶった言葉遊びで、「オレはアムステルダムっ子だ」というイメージでしょう。

シビックプライドの例は豊岡市だけではなく、東京にもあります。たとえば、東京都の台東区と文京区にまたがる谷中・根津・千駄木の「谷根千」（やねせん）と呼ばれる地域では、東京芸術大学出身の人たちが、自分たちが学生の時にいた下宿をカフェにしたり、小さな宿泊所にしたりして、街全体を一つの宿にしようとしています。このように、すでにある建造物を生かして特色のあるまちづくりにつなげるという視点もあるかと思います。

「街全体を大きな温泉宿にする」というビジョンのもとに築き上げられた城崎温泉街の風景。観光客は浴衣を着て外湯巡りを楽しむことができる。

第2節 地方創生の条件

SCENE 3-2 産学官金交流会

支店にて

高橋支店長 渡辺会長からご案内をいただきましたが、地域創生に向けた産学官金交流会が来週末に市民会館で開催されるそうです。地元の金融機関もぜひ参加してほしいとのことなので、田中課長と中村さんも一緒に行きましょう。

中村さん どんな方がいらっしゃるんですか？

高橋支店長 市長と市役所の職員、大学の教授と学生、商工会議所や観光協会の方々、地域おこし協力隊の皆さんもいらっしゃるそうだよ。

中村さん 私が行ってもよいのですか。ドキドキです。

田中課長 私もお会いしたことのない方が多いです。

高橋支店長 大丈夫ですよ。金融機関の中だけで内向きにならずに、地域の皆さんとの交流を深めていきましょう。

交流会の会場で

主催者 今日は最初に市長から、駅前再開発計画についてお話しいただきます。その後、五人くらいのグループに分かれて、地域の未来についての対話の場といたします。今日は仕事の肩書を外して、自分の意見をなんでも言うことができる心理的安全な場としたいと思いますので、皆さんよろしくお願いいたします。

交流会が終わって

高橋支店長　田中課長、中村さん、いかがでしたか。

田中課長　市役所の皆さんとこうしてお話ししたのは初めてです。駅前の再開発計画は楽しみですね。地域金融機関への期待が大きいことも感じました。

中村さん　グループの対話が楽しかったです。議論ではなく、お互いの考え方を尊重するのが対話なのですね。私とあまり年齢の違わない、地域おこし協力隊や学生の皆さんがしっかりと自分の考えを話されていたのが印象的で、大変刺激になりました。

高橋支店長　これからもこうした機会は増やしていきましょう。私たちが、行政や地域社会とつながっていくことで、地域の未来も開けるのだと私も思いを強くしました。

地域が活性化するには、地元の個々の事業者の自助努力が不可欠です。しかし、個々の事業者だけではうまくいきません。都市計画や補助金など政治・行政の力、つまり公助も必要になります。さらに、日本人がもともと持っていた地域社会での助け合い、前節で述べたような共助が求められます。地域金融機関は、こうした自助・公助・共助を可能とするためのハブとして機能することができます。私がその

ことを強く感じたのは、二〇一六年に発生した戦後最大級の火災からの新潟県糸魚川市の復興です。

同火災で死者は出なかったのですが、糸魚川市の中心部が焼失しました。米田徹市長や商工会議所のメンバーが中心となった復興事業に、従業員数八〇人くらいの糸魚川信用組合も黒石孝理事長（当時）を先頭にして被災の中で必死に街の復興にあたったのです。東京糸魚川会（東京在住の糸魚川出身者の会）にも協力を呼びかけ、地域内の自助・公助・共助に加えて他地域からの応援を得ることができました。東京の大学生等もボランティアで復興作業に参加しました。日本人は大きな災害が起こると、皆で助け合わなければならないことに目覚めるようです。

今、日本全体で金融機関、特に協同組織金融機関が非常に少なくなってきていますが、糸魚川市にとって市に本店がある信用組合があったことは幸いでした。私はこの経験から地域の事業者・住民・行政、さらには他地域の事業者・住民をつなぐ地域金融機関の役割に気づき、今では「一般社団法人ちいきん会」の代表理事を務めています。同会は、金融庁の遠藤俊英長官（当時）が「よんなな会」（四七都道府県の公務員の会）に出たところ、ほとんどの地方公務員が地元金融機関との付き合いがないと言ったことから、地方創生のために行政と地域金融機関の接点を作ろうということで同庁の「地域課題解決支援チーム」にいた菅野大志（現・山形県西川町町長、ちいきん会理事）さんたちが動き出し、二〇一九年三月に発足し、二〇二二年三月に一般社団法人化したものです。私と福島の久能雄三クノウ代表取締役が代表理事になり、遠藤元長官、日下智晴元金融庁地域金融企画室長、北村清士元東邦銀行頭取、増田寿幸元京都信用金庫理事長等が理事に加わっています。

ちいきん会の参加者は、地域金融機関と行政の関係者のほか、地方創生に熱意のある地元の事業者や地域おこし協力隊といった人たちです。同会傘下の各地域の集まりである「ダイアログ」は、平日の夜や土日に開催しています。そこでは基調講演やパネルディスカッションを行った後でグループに分かれ、皆で意見交換します。議論する場ではなく、対話をする場なので、「ダイアログ」です。対話は議論と異なり、相手を否定しません。講演等に登壇した人もグループの中に入ってもらいます。また、「個の解放」と呼んでいますが、職場の肩書を外して、自分の意見をなんでも言うことができる場にしたいと考えています。

現在、全国で一七の各地有志ダイアログがあります。フェイスブックには、約三〇〇〇人がメンバー登録しています。運営費は賛助会員（法人一〇万円、個人三万円）からの年会費で賄っています。金融機関、行政、事業者、学校の先生、地元の

「一般社団法人ちいきん会」は、官民（官公庁・地方自治体・行政法人・企業・大学等）の多様な関係者による対話を通し、社会に対する新たな価値の提供をともに創る活動を支援および推進することを目的として、2022年２月28日に設立された。

［活動内容］

1. 勉強会・ワークショップ等の企画、運営および管理
2. 産学官金連携の実践およびその支援
3. 啓蒙活動に係る講演、セミナー、出版物等の企画、運営および管理
4. 施設の管理運営
5. その他、当法人の目的を達するために必要な事業

士業の方々が加わって、結果的に年代もさまざまな産学官金の関係者が交流する会になっています。

大きな大会には、市長、地域金融機関や信用保証協会のトップや幹部、財務局長、商工会議所会頭などの地域金融機関の若手職員がふだん接することがないような、いわゆる「偉い人」も参加しますが、グループダイアログ実施後の飲み会では分け隔てなく語り合います。若手職員は最初、恐れ入ってしまうのですが、実際に会ってみると、皆地方創生の志でつながっているので、気兼ねなく話せるようになります。若手職員はこうして「外」と接することで、「自分たちには大切な役目がある」「そこで困っているのだったら、自分たちにはこんなことができる」等と実感し、視野を広げることができるのです。

第3節 地域通貨

SCENE 3-3 地域通貨検討会議

渡辺会長 支店長、市役所と商店街で、地域通貨の導入について検討会を開始しています。地元の金融機関にも参加していただけたら嬉しいのですが。

高橋支店長 地域通貨ですか。とても興味があります。次回の会議には、本部の担当部署と一緒に出席いたします。

渡辺会長 ありがとうございます。よろしくお願いいたします。

地域通貨検討会議。市役所、商工会議所、商店街が参加

市役所の担当　今日は皆さんお忙しい中、ご参加いただきましてありがとうございます。日本全国で、地域通貨を始めた地域が増えています。ぜひ当地域でも前向きに検討したいと思いますので、皆さんの忌憚ないご意見をいただきたいと思います。

渡辺会長　私は賛成ですよ。これまでも紙ベースの商店街振興券を発行してきましたが、これがデジタル化できれば便利になります。ただ、地域のお年寄りにご利用いただけるかが心配です。

伊藤商工会議所会頭　私も賛成です。地域にお住いの皆さんの利便性の向上につながれば、地域創生もやりやすくなります。

高橋支店長　私たちもこれまでの地域振興券の配布の際は、休日出勤していました。これが省力化できればありがたいです。ところで、この地域通貨の事務負担と導入費用はどうなりますか。

市役所の担当　基本的に市役所が中心になって事務フローを組み立ててまいります。市役所も、従来の紙ベースからデジタル化することによって、事務負担は軽減されると思いま

す。導入コストについては、これから数社から提案を受けたいと思っています。

伊藤商工会議所会頭　せっかくデジタル化するのであれば、いろいろと前向きな施策も反映したいですね。

渡辺会長　私の店では、食材の仕入価格の上昇に伴い、料理の値段もあげざるをえませんが、地域通貨で支払われる地元の方には、割引価格で料理を提供しますよ。

伊藤商工会議所会頭　ふるさと納税でも、地域通貨を還元できますよね。他地域のお金を流入させることができたらありがたいです。

高橋支店長　他地域では、地元のボランティア活動に対して地域通貨でポイントを付与している事例もあるそうです。地域の資金循環のために、私たちも貢献したいですね。

市役所の担当　今日は前向きなご意見を皆さんからいただきました。ぜひこれから具体的に進めてまいりますので、皆さまのご協力をよろしくお願いいたします。

田舎町でも近隣関係が希薄化し、地域内での共助、互助機能が弱くなっている中で、地域通貨を通じて地域コミュニティの再生に取り組む例が増えてきています。

「地域通貨」に法律上の定義はありません。おおむね、❶地域の自治会、商店街、市民団体等が発行する、❷利用地域が限定されている、❸地域の中での財やサービスの交換に利用できるといった特徴がありますが、実際にはポイントに近いものから、いつでも換金できる「お金」に近いものまでさまざまな地域通貨が発行されています。

かつて国の政策で市町村が地域振興券を住民に配ったことがありましたが（一九九九年）、市町村の指定金融機関等は土日に職員が出勤して地域振興券を受け取った事業者への換金等に応じていました。紙ベースでは発行・換金等の事務に手間暇がかかり、これをデジタル化するだけでも便利になります。さらに、さまざまな機能を加えることも可能です。

地域金融機関が発行体となっている地域通貨としては、飛騨信用組合の「さるぼぼコイン」が有名ですが、君津信用組合も木更津市役所と木更津市の商工会議所と連携して「アクアコイン」を発行しています（図表3－1）。アプリをダウンロードして君津信用組合にチャージを依頼（セブン銀行ATMでも可能）するとアクアコインの発行を受けて、利用者同士でアクアコインを交換したり、市内の飲食店等でアクアコインを代金支払いに使ったりすることができます。また、利用者は市内で行われるボランティア活動や健康増進運動等に参加すると、市役所からポイントをもらうことができ、このポイントはアクアコインとして使うことができます。

図表３－１　アクアコインのスキーム

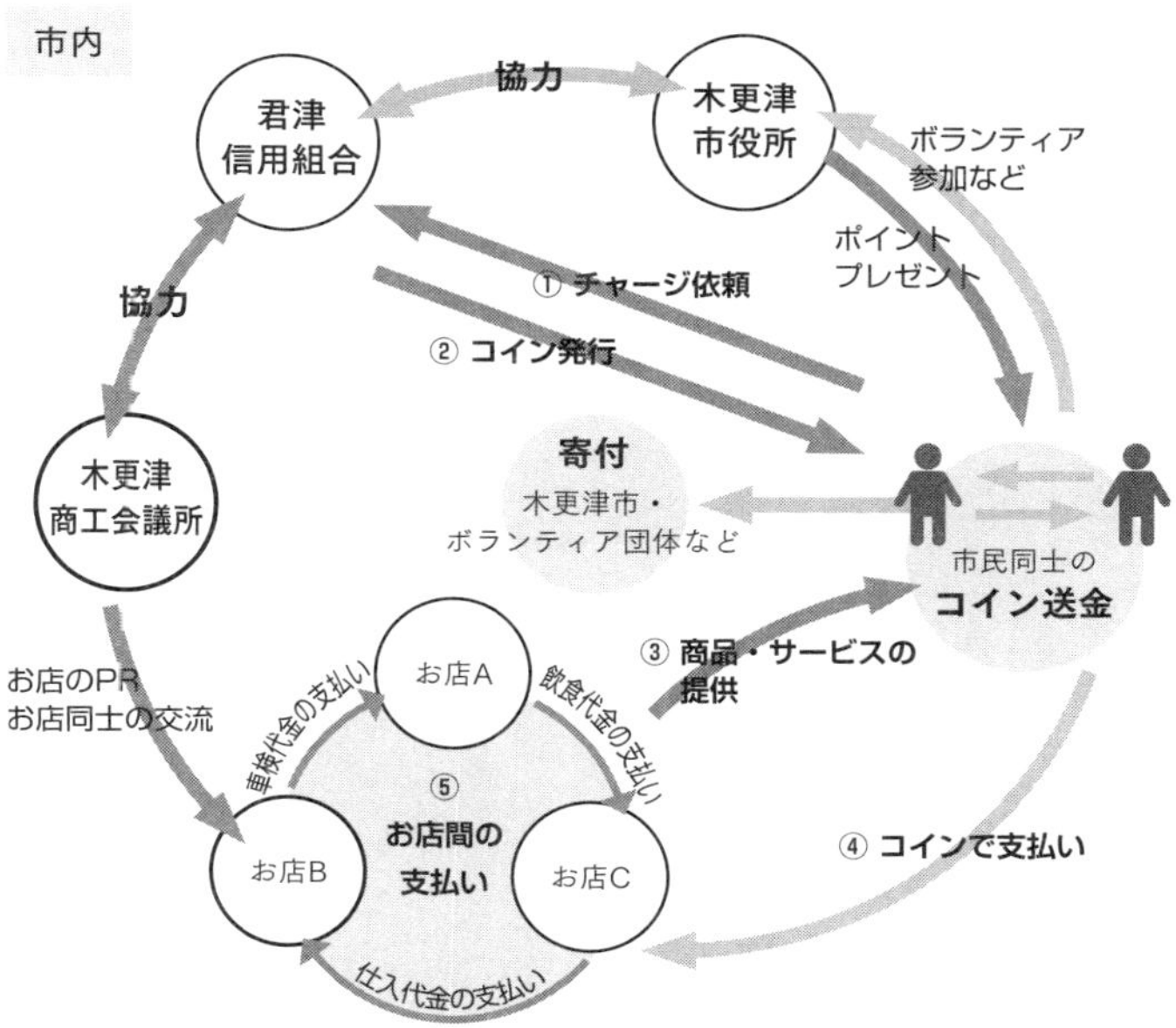

出所：アクアコイン普及推進協議会ウェブサイトより作成

代金の支払いを受けたお店は、アクアコインを仕入代金などの支払いに使えます。また、アクアコインは市内の加盟店以外では使うことはできませんが、一方でアクアコインを使って市内で買い物をすると常時一％のポイントをもらうことができます（定期的にポイントアップキャンペーンを実施）。さらに、アクアコインは最後の利用時から一年間で消滅してしまうので、市民はアクアコインを貯めることなく積極的に使わなければなりません。こうした仕組みにより、地域内でお金を回していくことが促されます。

ふるさと納税をした人に地域通貨を発行している自治体もあります。北海道ニセコ町の「eumo（ユーモ）」という地域通貨がその一例です。通貨単位は「ニコ」です。ニセコ町にふるさと納税をするとeumoがもらえて、ニセコの飲食店などで使えるというものです。これも三か月で失効してしまいますので、ふるさと納税でeumoをもらった東京の人は失効前に北海道に旅行してeumoを使わなければなりません。そのかわり、店側ではeumoで代金を支払う人には割引するということも可能です。

九州には九州電力とSBIグループが開発した「まちのわ」という地域通貨があり、福岡県内の市町村はほぼすべて「まちのわ」を導入しています。ほかの市町村が地域通貨を導入し始めると、その近隣の市町村も真剣に検討し始める例が多いようです。

第4節 地域資源

SCENE 3-4 地域の魅力

安藤新社長がホテル再建の中間報告のために来店

安藤新社長 支店長、いつもお世話になっています。なんとか資金繰りも安定してきました。

高橋支店長 それはよかった。来期から貸出の約定返済が開始できるよう、気を緩めずに頼みますよ。

安藤新社長　経営改善策の進捗ですが、タイからのインバウンド向けに、観光協会が当地域の魅力をネットで配信してくれることになりました。

高橋支店長　それはよかった。観光協会がサポートしてくれるのはありがたいね。

安藤新社長　その内容ですが、支店長は当地域の魅力として何を伝えたいですか。

高橋支店長　まず自然かな。遠くに山の見える景色は好きだな。温泉もあるし、何より水がきれいだ。

安藤新社長　支店長は温泉が好きでしたね。

高橋支店長　郷土料理もいいよね。渡辺会長の料理屋の献立はみんな絶品だね。あと、水がいいからお酒もおいしい。日本酒だけでなく地ビールもいいね。

安藤新社長　ありがとうございます。温泉と料理と酒、支店長らしいですね。今おっしゃったことはすでに写真と映像ができています。

高橋支店長　私らしいって、私はそう見られているのか（笑）。

安藤新社長　ほかに何かこの地域にしかないもの、他地域と差別化できるものはありませんか？

高橋支店長　そうだな。歴史や文化はどうだろうか？

安藤新社長　歴史、文化ですか？

高橋支店長　当地域は、歴史ある神社やお寺があり、江戸時代には著名な儒学者も輩出し、寺子屋も盛んだったね。学びの地としてPRしてみるのはどうだろうか？　茶の湯や禅の体験などはできるかな？

安藤新社長　それはこれまであまりPRできていませんでした。さすが支店長です。早速観光協会にも話してみます。

高橋支店長　文化という点では、写真文化首都宣言をした、北海道の東川町の取組みなども参考になるかもしれないね。

よく地方に行くと「ここは何もないところです」と言われることがありますが、「ご冗談でしょう」と言いたくなります。私から見ると、日本のどこへ行っても、そこにしかない素晴らしさがたくさんあります。

地域の強みを考えるにあたり、ポイントは三つあります。自然、歴史・文化、食です。観光学でもこの三つがポイントになるそうです。

海外からのインバウンド観光で、なぜ日本にこれほどの人気があるのかというと、日本ほど自然、歴史・文化、食の三拍子がそろった国がほかに少ないからだと思います。しかもそれが四季折々、流氷の海からサンゴ礁の海まで多種多様な姿を見せます。

まずは自然です。東北の人は謙虚なのか、冒頭で述べたようなことを言われることがあるのですが、たとえば、私は青森県の浅虫温泉からの海の見える景観が好きですし、弘前の桜や奥入瀬の渓流もほかの地域にはない魅力があります。

次に歴史・文化です。日本には多くの古い事物が今でも残っています。青森のねぶた祭は日本で最高の祭りの一つだと思います。また、東北には奥州藤原氏の中尊寺などたくさんの文化財があります。地域には古くからの歴史があり、独自の文化が育まれているのです。

そして、日本にはどこへ行ってもおいしい食べ物があり、水がいいので酒がおいしいのです。湧き水が飲める国は、日本以外あまりありません。

自然、歴史・文化、食の中で、文化は自らの努力で作ることができます。本章第一節で述べた演劇の街・豊岡市がその例ですが、本節では北海道東川町の取組みを紹介します。

東川町は、大雪山系の最高峰、旭岳のふもとにあります。人口が一時七〇〇〇人を切り、住民は「鉄道も国道も水道もない町」と言っていますが、今は人口が増えだして、もうすぐ九〇〇〇人になろうとしています。

東川町では、「日本には首都は二つある。東京は政治経済の首都、当町は写真の首都」だと言って、「写真文化首都宣言」をし（一九八五年）、町役場には「写真文化首都 東川」という看板が立っています。

そして、全国高等学校写真選手権大会（「写真甲子園」）という、高校生の写真部の全国大会を始めたのです。第一回は一九九四年で、昨年で三一回目でした。また、元小学校の一階をギャラリーに仕立て、昔ながらの縦型カメラなどを陳列し、写真コンテストなどのイベントを開催しました。

また、東川町の地場産業は林業と木工だったので、二〇〇六年に「君の椅子」プロジェクトを始めました。東川町で赤ちゃんが生まれると、町長が「この町で生まれてくれてありがとう。君の居場所がここにあるんだよ」と言って座面の裏に赤ちゃんの名前を彫ったオリジナルの椅子を渡すのです。半年ぐらいすると、親がその椅子に座った赤ちゃんの写真をネットに載せたり、赤ちゃんの写真コンテストに応募したりします。

そのため、この評判が広がるとともに、若い夫婦が東川町で子どもを産んで育てるようになりました。統合した小学校の校舎は長さ二七〇メートルほどのまっすぐな廊下があり、教室も学年の区切りをなくしたオープンな造りになっています。木工の街ですから、机などは木造りです。校庭は街の公園と地続きで十数ヘクタールもあります。校内には畑や田んぼ、サッカーや野球のグラウンドもあり、ここにいたら子どもも元気になるだろうと思いました。

さらに、東川町には旭川空港に近いという「地の利」もありました。そこで、二〇〇九年から行われてきた日本語・日本文化研修事業が実を結び、新築移転した小学校を改修し、全国初の公立日本語学校を開校しました。

同町では「地の人」である住民への行政サービスと合わせ、街を訪れる人々「風の人」、つまり交流人口を国内外に増加することにも力を入れてきました。

日本語学校の学生たちは観光ではなく、東川町に来て生活してくれます。いずれ学業を終えて国に帰ることになりますが、帰国した若者が「東川町はいい街だったよ」と言ってくれれば、また次の若者たちがやってきます。

建築家の隈研吾が東川町を気に入って、同町に事務所まで作りました。何か新しいことをやりたい人が今、次々と東川町に移住してきています。全体人口だけでなく、若年人口も増えているので、カフェ、ケーキ屋、レストランも新しい店を開くようになりました。

東川町の地元の人は「水道のない町」という言い方をしますが、大雪山系の伏流水を生活水として全町民が利用できるというのは、逆に言うと大変ぜいたくな話です。水が新鮮なので、豆腐も酒もおいしいです。

東川町には「東川ユニバーサルカード（通称ＨＵＣ）」というデジタル地域通貨があり、電子マネー、ポイントと合わせ、ふるさと納税株主の特典として、このカードで街の施設を割引料金で使えます。私が東川町に最初に行った時、町長から「一万円ください」と言われたので一万円を渡したら、「写真の町」ひがしかわ株主制度に投資した株主ということになり、一週間くらいあとに「ゆめぴりか」のお米、東川町の特別町民証、ＨＵＣカードが送られてきました。ふるさと納税の制度を利用しているのですが、さまざまな工夫で地方創生に取り込んでいます。

東川町の事例から、地方創生で成功するために必要なのは大企業誘致などではなく、「ここで子どもを産んで育てたい」、あるいは「何度もここに来たい」と思わせるような仕掛けだということを学ぶことができると思います。

北海道東川町の文化資源を保存・展示し、文化活動の拠点となるべく作られた複合施設「せんとぴゅあ」。東川小学校の校舎を改築した「せんとぴゅあⅠ」には、ギャラリー、東川町立東川日本語学校（全国初の公立日本語学校）、カフェ、ラウンジ、講堂、宿泊棟などが、「せんとぴゅあⅡ」には、図書館、アーカイブス、学習室、ショップなどがある。

第5節

ゼブラ企業

SCENE 3-5

経営理念の見直し

高橋支店長が安藤新社長のホテルを訪問

高橋支店長 安藤社長、ホテルの雰囲気が明るく感じられるよ。

安藤新社長 支店長、ありがとうございます。若い従業員がやる気を出してくれています。そこで今般、当社の経営理念を見直したいと考えています。

高橋支店長 それは興味深いですね。どんな内容ですか？

安藤新社長 渡辺会長に当社の職員全員の前で商店街の未来についてお話しいただいたところ、若手の職員から、当社ももっと地域のために役に立ちたいとの声があがりました。

高橋支店長 なるほど。

安藤新社長 「明るい地域の未来に貢献するホテル。地域とともに。」という言葉を経営理念に付け加えたいのです。金融支援をいただいている立場ですが、若手社員のやる気のためにもご理解いただけたらと思います。

高橋支店長 素晴らしいじゃないですか。賛成いたしますよ。

安藤新社長 地域の温浴施設、バーや居酒屋、お土産屋や娯楽場などと連携して、地域丸ごとホテルのような感じにしていきたいのです。

高橋支店長 そうすれば、観光客の皆さんが街を歩くようになりますね。

安藤新社長 商店街のシャッターを閉じているお店を減らし、空き家対策にもなればよいと思うのです。商店街や地域の活性化のために私たちも汗をかくかわりに、街の人たちにも当ホテルをサポートしていただけたらというのが本音のところです。

高橋支店長 地域の皆さんと一緒に、社会的価値と経済的価値の両方を目指す企業ですね。最近はゼブラ企業と言うそうですね。

安藤新社長　シマウマのゼブラですか。

高橋支店長　そうですね。そしてシマウマは群れで行動します。私たち地域金融機関もその群れの一員でありたいと思っています。

安藤新社長　それは心強いです。

高橋支店長のセリフに「ゼブラ企業」という言葉があります。これは二〇二四年三月に中小企業庁が出した「地域課題解決事業推進に向けた基本指針」（https://www.chusho.meti.go.jp/keiei/chiiki_kigyou_kyousei/2024/20240301.html）に出てくる言葉で、「二〇一七年にアメリカで提唱された概念であり、時価総額を重視するユニコーン企業と対比させて、社会課題解決と経済成長の両立を目指す企業を、白黒模様、群れで行動するゼブラ（シマウマ）に例えたもの」とのことです。

つまり、経済的価値を追求する企業が、生み出した価値の一部を社会的価値のある事業に寄付するということではなく、企業の本業が経済的な価値と社会的な価値の両方を持っているということです。こうした白黒模様のゼブラに「ローカル」を付けて、地域創生の文脈において、地域のいろいろな課題を解決する中で経済的な収益も得る企業を「ローカル・ゼブラ」と呼んでいます。

ゼブラ＝シマウマは、群れを作って行動します。一匹ではライオンなどに食べられてしまうので群れを作り、やってきた敵を集団で追い返します。ローカル・ゼブラ企業もほかのローカル・ゼブラ企業と有機的に連携して、地域課題の解決を目指します。安藤新社長の「地域の温浴施設、バーや居酒屋、お土産屋や娯楽場などと連携して、地域丸ごとホテルのような感じにしていきたい」という言葉がその側面を表しています。

大阪に「SEKAI HOTEL（セカイホテル）」（https://www.sekaihotel.jp/）という事業をやっている人たちがいます。商店街の空き家をリフォームして人が泊まれるようにするのですが、スタンドアローンの宿泊施設ではなく、本章第一節で紹介した城崎温泉のように商店街のほかの店舗との有機的な連携を図ります。具体的には、元婦人服店をリフォームしてフロント施設とし、街に点在する運営施設や客室までご案内したり、レストランや土産物屋を紹介したりします。

商店街の活性化や空き家対策が社会的課題だとすると、こうした取組みも「ローカル・ゼブラ」と言っていいでしょう。「地域丸ごとホテル」はイタリアのアルベルゴ・ディフーゾ（分散宿）とも通じるものがあります（https://nagasaki-keizai.jp/

report/survey-report/6528)。

ローカル・ゼブラ企業の活動を金融、ＤＸ、人材等の面から支えるために、地域金融機関、地方自治体、大学、データ事業者といった域内外の関係者が集まる地域中間支援機能が必要だと考えられています。実際には地元の有志や行政が中心になって地域中間支援機能を担うケースもありますし、地域金融機関が旗振り役を務めることもあります。

企業における経済的利益の追求と社会的価値の創出の両立に関しては、ハーバード大学のマイケル・ポーター教授らが二〇一一年に共通価値の創造（ＣＳＶ、Creating Shared Value）という考え方を提唱し、ＣＳＶに向けて❶製品と市場の見直し、❷バリューチェーンの見直し、❸産業クラスターの形成という三つのアプローチを紹介しました。ローカル・ゼブラの考え方は、ＣＳＶに通じるところがあると言えるでしょう。

また、「本業を通じた継続的な社会課題の解決」を事業目的に掲げる企業を「未来創造企業」と名付け、これに賛同する企業がつながり、実践活動を行っている「一般社団法人経営実践研究会（代表理事兼会長・藤岡俊雄）」という団体もあります。ここにはすでに一〇〇〇社以上の企業が集まっているそうです。

column

社会課題の解決を目指す企業の認証制度

世界的に社会課題の解決に資する企業を認証する制度がいくつかあります。

「B Corporation」は、「社会や環境、従業員、顧客といった、すべてのステークホルダーに対する利益」に配慮した公益性の高い企業に与えられる国際的な認証制度です。営利を追求するだけでなく、従業員、顧客、地域社会、そして地球全体の利益を重視し、ビジネスが社会によい影響を与えることを目指しています。認証を受けるためには厳格な審査基準をクリアする必要があり、評価基準は多岐にわたります。

「Economy for the Common Good（公共善エコノミー）」はヨーロッパ発で世界に広がっている取組みです。利益より人と地球を優先する経済システムを目指し、公共善に対する企業の貢献度を公共善マトリックスによる「公共善決算」として見える化するというものです。その構成要素としては、❶人間尊厳（従業員の権利、労働環境、多様性など）、❷連帯と公正（社会的弱者への支援、地域社会との連携、公平な取引など）、❸エコロジカルな持続可能性（環境負荷の低減、資源の有効活用、気候変動対策など)、4透明性と共同意思決定(情報公開、ステークホルダーとの対話、意思決定プロセスなど)の四つの軸が用いられています。

日本にも「ソーシャル企業認証制度 S認証」があります。人や地球に優しい社会を作り出すために事業を通じて社会課題解決を目指す企業に対し、経営方針や事業内容、社会的インパクトなどをもとに、第三者委員会を組織し評価・認証を行う制度です。二〇一九年に京都信用金庫、京都北都信用金庫、湖東信用金庫、龍谷大学により共同で創設され、二〇二四年には但馬信用金庫、玉島信用金庫、枚方信用金庫も参画し地域金融機関で連携した運用をしています。

私もS認証企業の社長の集まりに参加させていただいたことがあるのですが、お互いに自己紹介をすると、「一緒にできるじゃないか」「え、そんなことをやっているのか」という具合になり、大変に盛り上がりました。

第6節 SDGsと社会課題

SCENE 3-6 支店のサークル活動

中村さん　支店長、今年の支店のサークル活動のテーマですが、SDGsにしたいと思いますがいかがでしょうか。

高橋支店長　いいテーマだと思うよ。私も一緒に勉強させてもらうかな。

小林さん　私たちはみんなSDGsのきれいなバッジを付けていますが、具体的に何をすればいいのでしょうか。

高橋支店長 ＳＤＧｓの目標は、誰一人取り残さない持続可能な未来を実現することだね。その項目も、社会、経済、環境と幅広い。たとえば、私たちの地域課題の解決を考えてみるのはどうだろうか。

中村さん 地域課題の解決ですか、なんだかピンと来ません。

高橋支店長 当店にも、地域のさまざまな課題に取り組んでいる一般社団法人やＮＰＯ法人の口座があるね。子どもの貧困やお母さんの孤立、障がい者支援、介護、ホームレス、空き家問題……。

中村さん いろいろな課題があるんですね。みんな身近なことなのに、これまであまり気がつきませんでした。

小林さん そう言えば先日店頭で、子ども食堂の口座開設がありました。品のよいお母さんでした。場所は一丁目だそうです。

中村さん 一丁目は私の担当地域です。早速ご挨拶に行ってきます。

小林さん 私も一緒に行っていいですか？　とても興味があります。

高橋支店長 そう言えば商店街でも話題になっていたな。みんなで行ってみましょう。

クマさん's Comment

今さらですが、「誰一人取り残さない、持続可能で多様性と包括性のある社会の実現」を目指したSDGs（二〇一五年九月の国連サミットで採択された「持続可能な開発のための2030アジェンダ」に掲げられた「持続可能な開発目標」）には一七の目標があり、各目標は五つのP、すなわち「ピープル（people）」「プロスペリティ（prosperity）」「プラネット（planet）」のトリプルボトムラインに「ピース（peace）」「パートナーシップ（partnership）」を加えたものです。

「プラネット」＝環境が強調されがちですが、SDGsでは「ピープル」や「プロスペリティ」も重要なポイントです。「ピープル」には、貧困、飢餓、保健、教育、ジェンダー、水・衛生が、「プロスペリティ」には、エネルギー、成長・雇用、イノベーション、不平等、都市が含まれます。地方創生の文脈で地域課題を考える場合には、この「ピープル」と「プロスペリティ」を含めて統合的に取り組む必要があります。

私は日本ほど持続可能という言葉が似合う国はほかにないと思います。イギリスやデンマークの王朝ですらせいぜい一〇〇〇年の歴史しかなく、少なくとも二〇〇〇年は続いている天皇家は現存する世界最古の王朝です。一〇世紀初頭に編纂された最初の勅撰和歌集である『古今和歌集』の「読人知らず」の和歌がもとになった「君が代」も世界最古の国歌で、それはギネスブックにも載っています。

企業のほうも、データにもよりますが、日本企業は世界の一〇〇年企業の約四割を占め、二〇〇年企業の約六割を占めると言われています。

また、日本にはもともと自然を支配するという考え方はなく、八百万の神である自然と共生する文化を持っています。社会思想としても、聖徳太子の一七条憲法は「和をもって貴しとなす」としています。私は、この「和」は「和して同ぜず」（論語）の和であり、似たような考えを持っている人たちが馴れ合うことではなく、違った考えを持っている人も含めて「和」になるという、多様性を認める心だと思っています。

さて、地域金融機関の方々から「ＳＤＧｓについては何をすればいいのか」と聞かれることもよくあるのですが、私は「この地域には〇〇というＮＰＯ法人があるので、一度ご訪問されたらいかがですか」と答えています。けっこう有名なＮＰＯ法人であっても、金融機関の人たちは知らないということがよくあるのです。私もメガバンクから信用組合に移るまでは、営業地域に子ども食堂があることを知りませんでした。

実際には社会事業として、子ども食堂、フードバンク、シングルマザー問題、フリースクール、森の幼稚園、障がい者雇用、ホームレス、外国人居住者、まちづくり、空き家問題、防災、環境等、さまざまな取組みがなされています。金融機関には、そうした事業者を金融面からサポートする役割があるはずです。市役所や県のウェブサイトを見れば、NPO法人の一覧などがすぐに出てきます。

高橋支店長の「せっかくサークル活動をするのだったら、地域課題を考えてみよう。当店に口座のあるNPO法人等にはどのようなものがあるのか、そのあたりから見直してごらん」という発言には、そのような思いが込められています。

第7節 社会課題の解決

SCENE 3-7 子ども食堂

平日の夕方、高橋支店長、中村さん、小林さんで子ども食堂を訪問。主宰者のJさんと面談

Jさん 支店長、皆さん、今日はお越しいただきありがとうございます。関心を持っていただいて嬉しいです。

小林さん　子どもたちがたくさん。みんな楽しそう。

高橋支店長　貧しい子どもたちが多いのですか？

Jさん　ここでは、誰でも受け入れています。貧しい方に限定すると、かえって貧しい方は来づらくなります。

中村さん　お母さんやお年寄りもいらっしゃるんですね。

Jさん　はい。街のみんなで一緒に食べれば、みんなが元気になれます。子どもの問題は、お母さんの問題でもあるんです。お母さんが一人で孤立することのないような場づくりも大切です。

小林さん　食材はどのように調達されているんですか？

Jさん　少ないお金でやりくりしていますが、街のフードバンクには助けていただいています。

中村さん　フードバンクですか。この街にそういう団体があるのも知りませんでした。

Jさん　生協さんや商店街の渡辺会長もフードバンクに協力されていますよ。食品ロスの削減にもなりますよね。

高橋支店長　資金繰りは大丈夫ですか？

Jさん　金融機関の皆さんからはこれまであまりサポートいただけませんでした。地域のコミュニティ財団からの寄付が本当にありがたいです。

高橋支店長　コミュニティ財団？　それも知らなかったな。

Jさん　オフィスはこの近くですよ。行かれてみたらいかがですか。

高橋支店長　何か私どもでお役に立てることはありますか。

Jさん　金融機関の皆さんがこうして関心を持ってくださるだけで心強いです。これからも時々遊びにいらしてください。

本節では、地域課題を解決する事業の例として「子ども食堂」を紹介します。私は「認定ＮＰＯ法人全国こども食堂支援センター・むすびえ」の顧問も務めていますが、同団体が確認した子ども食堂は二〇二四年に一万か所を超えており、全国にある公立中学校の数を抜きました。コロナ禍の最中も、ものすごい勢いで増えていました。

子ども食堂は一般的に「子どもが一人で行ける無料または低額の食堂」と言われています。そうすると、「貧困家庭の子どもが行くところ」と思われがちで、確かにそのような意義もあるのですが、実際には多くの子ども食堂は誰でも利用できるところが普通です。貧しい家庭の子どもだけ来てくださいと言うと、「あそこへ行くのは貧しい家庭の子なんだ」という目で見られることを恐れて、逆に行きづらくなってしまうのです。

子どもたちが放課後にみんなで子ども食堂に行って、おやつを一緒に食べることもあれば、親と一緒に来て夕食をとることもあります。お年寄りが一人で訪れることもあります。地方では、子どもよりお年寄りの利用のほうが多いところもあるくらいです。そうすると、おじいちゃんおばあちゃんが子どもたちと一緒にご飯を食べて、子どもたちの面倒を見てくれることになります。お年寄りにとっても、孫の世代は可愛いのです。

したがって、「子ども食堂」と言っても、実際にはみんなでご飯を食べることのできる地域のたまり場といったイメージで捉えてもらったほうがよいと思います。

私は千葉県の田舎育ちで、子どもの頃に地域の人から可愛がってもらった記憶があります。しかし、今は隣近所のつながりが希薄化し、各家庭が孤立しています。若い親たちは子育てと仕事で大変ですが、都会ではお年寄りや地域の方々の力を借りることができません。子育てに人の手を借りられないという問題は、シングルマザーなどの場合、特に深刻です。

しかし、子ども食堂に行けば、地域に住んでいるほかの人々とのつながりを取り戻すことができるのです。たとえば、子ども食堂に行くとほかにもお母さんがいて、お母さん同士のネットワークができることになります。「子ども食堂」と言いながら、実はお母さん方やお年寄りの孤立を防いでいる面もあるのです。「子ども食堂」ではなく、「みんなの食堂」「地域食堂」という呼び方をしているところもあります。

むすびえは、こうした子ども食堂の運営を支援するとともに（地域ネットワーク支援事業）、企業や個人から寄付を集めて資金的な支援を行っています。認定ＮＰＯ法人なので、非課税扱いで寄付を受けられるのです。休眠預金を活用した「一般財団法人日本民間公益活動連携機構（ＪＡＮＰＩＡ）」からの助成も受け、各地において伴走支援にも取り組んでいます。

子ども食堂とつながりの深い、「フードバンク」についても紹介しておきましょう。フードバンクとは、食品関連企業から余った食品の寄贈を受け、安全性を保ちながら福祉施設や生活困窮者を支援する団体に届ける活動のことです。私の家の近くにあるフードバンクは、生協・農協・コンビニエンスストア等から賞味期限が近い食品の寄贈を受け、それを子ども食堂に届けています。フードバンクも全国各地

子ども食堂は、親が共働きなどのために自宅で一人で食事をする子どもが、一人でも安心して入れる食堂として運営されている。地域のボランティアによって運営されており、店の広さや運営のあり方は各地の子ども食堂によって異なる。地域ごとに「子ども食堂ネットワーク」（中間支援団体）があり、「むすびえ」はこうした中間支援団体の活動の後押し、子ども食堂を応援する企業・団体の子ども食堂への橋渡し、子ども食堂の実態に関する調査研究などを行っている。

にあります（二〇二四年一〇月時点で農林水産省へ掲載希望のあったフードバンク活動は二七八団体）。

金融機関がこうした子ども食堂やフードバンクの活動に現状あまり関与できていないのは、とても残念なことです。

第8節 寄付による資金循環

SCENE 3-8

コミュニティ財団

子ども食堂の訪問のあと、高橋支店長はコミュニティ財団を訪ねてみた。コミュニティ財団のK専務理事に挨拶

高橋支店長 支店長の高橋です。突然お邪魔して申し訳ありません。

K専務理事 大丈夫ですよ。金融機関の支店長にお越しいただき、かえって恐縮してしまいます。

高橋支店長　こちらこそ、ご挨拶が遅くなり申し訳ありません。コミュニティ財団について不勉強なので、活動の内容など教えていただけますでしょうか。

K専務理事　私たちは、地域のたくさんの方々からの寄付により生まれた公益財団法人です。誰もが安心して暮らせる地域社会を目指しています。

高橋支店長　どのような方々を支援されていらっしゃるのですか？

K専務理事　まちづくり、子どもや若者への支援、命と暮らしを守る活動などに助成しています。

高橋支店長　素晴らしい活動ですね。寄付者はどのような方々ですか？

K専務理事　地域のたくさんの個人の方々や法人の皆さまからのご寄付によって運営しています。私たちはこれを「志金」と呼んでいます。私たちは公益認定を受けていますので、弊財団への寄付は寄付金控除等の税制優遇の対象となります。

高橋支店長　寄付にはまとまった金額が必要なのでしょうか？

K専務理事　少額でもありがたいです。たとえば、マンスリーサポーターでも月額一〇〇〇円からですよ。

高橋支店長　それなら私にもできますね。

K専務理事　ぜひご検討ください。ほかにも寄付者の名前を冠した「冠基金」や、遺贈寄付の窓口なども運営しています。温かいお金の新しい資金循環の仕組みを築いていきたいですね。

高橋支店長　寄付も金融なのですね。今日は勉強になりました。地域をよくしていきたい気持ちは私も一緒です。これからいろいろと連携させていただきたいです。

K専務理事　こちらこそ。金融機関の皆さまと連携できたら嬉しいです。よろしくお願いいたします。

クマさん's Comment

当面使わないお金を持っている人から、お金を必要としている人にお金を流すという意味において、寄付も融資や出資と並ぶ金融の一種です。お金の提供を受ける人の会計上、融資は債務に、出資は資本に、寄付は利益になります。

子ども食堂やフードバンクなど地域課題を解決する活動を展開する事業体に対して、寄付を仲介する団体として「コミュニティ財団」があります。コミュニティ財団は、地域のたくさんの方々から幅広く寄付を集め、そのお金をまちづくり、子ども・若者支援、災害復興などの活動を展開する団体に提供します。多くは公益認定を受けているので、寄付者は寄付金控除が受けられます。コミュニティ財団から資金提供を受けた団体は同財団に活動状況を報告し、コミュニティ財団は寄付者にお金がどのように使われているのかを報告します。

ちなみに、私が顧問を務める「公益財団法人ちばのWA地域づくり基金」では、寄付者から集めたお金を「志のお金」という意味で「志金」と呼んでいます。

コミュニティ財団は今、全国に三〇くらいですが、すべての都道府県を網羅しているわけではありません。こうした受け皿がないとJANPIA（前節参照）を通じた休眠預金の活用もできませんので、「一般社団法人全国コミュニティ財団協会」ではコミュニティ財団がない地域での同財団の設立を支援しています。

地域金融機関が創業者に融資する際、イニシャルコストの一部を寄付で賄うことができれば助かります。金融機関職員としては、融資、出資、寄付の三つを視野に入れることが大切です。自己資金だけでは創業赤字を乗り越えられず、融資できないというのであれば、出資者や寄付や補助金などもあわせて検討する必要があります。

こうした寄付や社会的投資による資金の流れを促進するために「認定ファンドレイザー」資格制度や『寄付白書』の刊行を行っている「認定NPO法人日本ファンドレイジング協会」という団体もあります。『寄付白書』の刊行は四年に一回ですが、その間を見る「寄付白書プラス」によれば、ふるさと納税も含めて二〇二二年の寄付総額は一兆二〇〇〇億円になり、同年だけで一八・五％も成長したと推計されています。

私が寄付も金融であることを認識したのは、ドイツのＧＬＳ銀行を知ったことがきっかけです。ＧがゲマインシャフトＬがローン、Ｓが寄付の頭文字です。シュタイナー教育の推進を目的として作られた銀行ですが、同行が赤字になった際に組合員がその赤字を寄付で埋めたという話には驚きました。日本の金融機関では第三者割当増資で自己資本を増額したケースはありますが、さすがにお客さまが寄付で赤字を埋めたケースは見あたりません。

ヨーロッパにはほかにもオランダのトリオドス銀行（環境分野専門）、イタリアのバンカエチカ（ＮＰＯ専門）などのValue Based Banking（価値を大切にする金融）を目指す銀行があって、ＧＡＢＶ（Global Alliance for Banking on Values）という世界的な組織の中核になっています。Value Based Bankingの原則は次の六つです。

1　持続可能な経済、社会、環境の発展に対する貢献

2　コミュニティに根差し、実体経済に対応

3　顧客との長期的な関係を大切に

4　長期的な視野に立ち、外的な混乱に直面しても経営を維持

「一般社団法人全国コミュニティ財団協会」は、地域を単位とする組織であること（地域性）と、特定の企業・団体、個人、行政機関が設立したものでないこと（市民性）が、「コミュニティ財団」の重要な要素であると考えている。このコンセプトは1914年にアメリカの現在のオハイオ州クリーブランドで発足した「クリーブランド財団」の設立にさかのぼるとされる。同協会に加盟するコミュニティ財団の多くは、事業指定寄付、冠基金、企画基金などの形で寄付を受け付ける機能を持ち、寄付による参加の拡大、社会課題の可視化や共有などの活動を行っている。

5 透明かつ包括的なガバナンス

6 上記すべてが金融機関のカルチャーとして根付いていること

こうした世界の状況を見ると、日本では協同組織金融機関の数と種類が少なすぎると思わざるをえません。信用金庫が二六〇、信用組合が一四〇くらいですが、アメリカやドイツやフランスには数千の信用組合があると言われています。日本も本来であれば、全国すべての市町村に、そこに本店のある協同組織があってほしいと私は思っていますが、現実は、そうではない以上、既存の民間金融機関や日本政策金融公庫がコミュニティ財団やＮＰＯバンクと連携して足りないところを埋めていくほかないと思っています。

column

インパクトファイナンス

金融機関も環境や社会に悪影響を及ぼすような事業には投融資を行わないこと、あるいは、より積極的に環境や社会によい影響を与えるような事業に投融資を行うことを求められるようになってきました。

国連は二〇〇六年のPRI（責任投資原則）のあと、二〇一九年にPRB（責任銀行原則）を策定しました。投資や融資にあたっては、環境、社会、ガバナンスの要素であるESGを考慮することを促す国際的な原則です。責任銀行原則の署名機関には二〇二四年三月時点で、世界三四八の金融機関が名を連ねています。日本でも三井住友信託銀行、メガバンク、一部地銀がこれに署名しています。

二〇二三年一一月には、投資家、金融機関、企業、自治体等の幅広い関係者がフラットに議論し、国内外のネットワークとの対話、発信を図る場として、金融庁と経済産業省が事務局となり、インパクトコンソーシアムが立ち上げられました。社会、環境的効果（インパクト）の創出を、経済、社会の成長や持続可能性の向上に結びつける好循環の実現に向け、幅広い連携が期待されます。二〇二四年五月には第一回インパクトフォーラムも開催され、「データ・指標分科会」「市場調査・形成分科会」「地域・実践分科会」「官民連携促進分科会」の四つの分科会で検討を開始しています。

私は、新しい形の官民連携スキームとして、ソーシャルインパクトボンド（SIB）にも注目しています。SIBは、民間セクターのノウハウを活用し、多様な資金調達を可能にするものです。成果測定の難易度もあり、まだ導入事例は多くありませんが、今後の増加が期待されます。

第9節 遺贈寄付

SCENE 3-9 人生の思い

高橋支店長が、資産家の佐藤さんを訪問する

高橋支店長 佐藤さま、喜寿のお誕生日おめでとうございます。体調はいかがですか？

佐藤さん 支店長ありがとう。最近は落ち着いているよ。高血圧と糖尿病の薬は欠かせないけどね。お酒が飲めないのはちょっと寂しいね。

高橋支店長　お大事になさってください。何より健康が大切ですから。ところで今日は資産運用のご提案をお持ちいたしました。少しお時間をいただけますか？

佐藤さん　支店長、申し訳ないが資産運用にはあまり興味がないんだ。私は子どももいないし、自分が生活していくだけのお金には困っていないからね。

高橋支店長　そうですか？　私どもで何かお役に立てることはありませんか？

佐藤さん　私はこの街で生まれ育ってね。支店長に相談する話ではないのだが、たとえば私が死んだら、私の家や財産をこの街の子どもたちに役立ててもらうことはできるのだろうか？

高橋支店長　佐藤さま、たとえば遺言をお書きになって地域の子どもたち向けの基金をお創りになるのはいかがでしょうか？

佐藤さん　そんなことができるのか？　もう少し詳しく話を聞かせてもらえますか。

高橋支店長　地域のコミュニティ財団には、冠基金というプログラムがあるそうです。よろしければ今度コミュニティ財団の方をご紹介いたします。

佐藤さん　この街のために、自分が生きた証を残せるのなら……。ぜひ具体的に検討させてほしい。ほかの金融機関からこのような話は聞いたことがなかった。君の支店に金融資産も集めておいたほうがいいだろうね。

高橋支店長モノローグ

先日コミュニティ財団で話を聞いていてよかった。

日本には寄付文化がないと言われる方がいますが、私はそうは思いません。神社やお寺に行けば、昔の人の名前がたくさん刻まれています。

コミュニティ財団では、さまざまなテーマを選んで寄付をすることができますが、それ以外でも一定の条件のもとで「冠基金」と呼ばれる基金を創設することもできます。冠基金では企業や個人の名前、寄付者の思いを基金の名前として自由に表すことができるのです。冠基金は、遺贈寄付で創設される場合もあります。

遺贈寄付とは、個人が亡くなったとき、亡くなった方や相続人が、遺言や契約に基づき、財産を公益法人やＮＰＯ法人、学校などの民間非営利組織、あるいは国、地方公共団体などに贈ることを言います。遺贈寄付の推進組織としては、「一般社団法人全国レガシーギフト協会」があり、各地のコミュニティ財団が加盟団体として遺贈寄付の相談窓口になっています。

具体的な事例として、佐賀県鹿島市の「鹿島レガシー基金」と「傍楽庵《はたらくあん》」を紹介しましょう。本基金は、「地域にお世話になったので恩返しをしたい」との故人の思いから設立されました。残された空き家は地域のボランティアの方々と一緒に改修して、災害対応や防災支援活動の拠点「傍楽庵」として整備され、平時には地域の人が集う場や地域福祉食堂としても活用されています。住居とともに残された遺産で伝統芸能やまちづくりのための「鹿島レガシー基金」が設立され、助成団体の公募も行われました。

遺贈寄付は自分の人生の集大成です。お世話になった地域への感謝、子どもや孫の世代への思いなど……。時を超えて思いを乗せて、お金や財産を未来に届ける、言わば時間軸の金融です。相談を受ける際には、人生最後の意思決定を尊重して、しっかりと思いを受け止める必要があります。金融機関からの紹介で、遺贈の相談に来られる方もいらっしゃいます。毎年九月一三日は国際遺贈寄付の日で、世界各地でキャンペーンが行われています。日本でもこの週は毎年遺贈寄付ウィークとして、さまざまな活動が実施されています。

第10節 お金の本質

SCENE 3-10 お金の授業

地元の小学校からお金をテーマにして小学生に授業をしてほしいとの依頼があり、鈴木常務が話すことになった。中村さんも同行して聴講した

鈴木常務　皆さんこんにちは。この街にも私たちの支店がありますが、皆さんは金融機関って何をしているところだか知っていますか？

小学生L　よくわかりません。

鈴木常務　八百屋さんは、野菜や果物を、魚屋さんはお魚を売っていますね。私たち金融機関はお金を取り扱っているところです。

小学生L　お金屋さんなんだね。

鈴木常務　金融というのは、資金の融通を約した言葉です。お金を動かしているお金のプロなんだよ。

小学生L　すごい、面白そう。

鈴木常務　皆さんはお小遣いをもらっているかな。お金を使ったことはあるよね。皆さんにとって、お金ってどんな感じかな。

小学生M　お金は素晴らしいもの。お父さんはお金を稼ぐために一生懸命仕事をしています。

小学生N　お金は汚いもの。本当はお金なんてない世の中のほうがいいのにってお母さんが言ってました。

鈴木常務　いろいろな考え方がありますね。どれが正解っていうわけではありません。でも私はお金自体にはきれい、汚いといった色はないように感じています。お金はすべてのものの象徴って言われていますね。

小学生O　象徴ですか？

鈴木常務 お金は野菜やお魚、テレビやスマホ、土地や建物、あらゆるものに替わりますね。もしお金がなかったらどうなるでしょう？

小学生O きっと不便になります。

鈴木常務 もしお金がなかったら、漁師さんはお魚とお米を物々交換しなければなりません。お魚一匹でどれくらいお米をもらえるのかもわかりません。そして、時間がたつとお魚は腐ってしまいます。これがお金の交換機能、尺度機能、保存機能という三つの機能になります。

小学生O 本当だ。

鈴木常務 お金はすごい道具です。そして道具である以上、その取扱い方が大切になりますね。

小学生P お金のトリセツってあるんですか？

鈴木常務 これからそのお話をしましょう。まず、お金は大切にしましょう。お金を粗末に扱うとバチがあたりますよ。

小学生P ものを大切にしなさいとお母さんに言われました。お金はなおさらかな。

鈴木常務 そうですね。お金で遊ぶと危ないですよ。マネーゲームという言葉がありますが、お金は遊び道具ではないと思います。

小学生P お小遣いは大切に使います。

鈴木常務　そうだね。そして、お金は自転車や自動車のように、動くことで価値を生み出す道具なんだ。おいしいお菓子をありがとう、素敵な文房具をありがとうと言って、お金を使ってあげたいね。

小学生Ｑ　気持ちを乗せて使うんだね。

鈴木常務　そうですね。お金の神様の気持ちを考えてみたらいいよね。大切に気持ちを込めて動かせば、神様は喜びます。逆に、粗末に扱い、閉じ込めておくと悲しみますね。お金は、取り扱う人次第でいい道具になるし、取扱いを間違えると悪い道具にもなりかねません。

小学生Ｑ　お金の神様に喜んでもらいたいな。

鈴木常務　ところでお金を大切にとお話ししてきましたが、お金より大切なものはありますか。お金で買えないものはあるかな。

小学生Ｒ　うーん、はい！　友だち！

鈴木常務　なるほど。友だちは売っていないし、お金では買えないね。それでは、友だちが喜んでくれるように、お金を使ってみたらどうだろう。

小学生Ｑ　お金の神様が喜んでくれそう。

鈴木常務　そうだね。お金より大切なものがある。当たり前だけど、お金は人が作った道具だから、お金より人のほうが大切だね。お金より大切なものに何があるか、みんなで考えてみてください。

小学生R 家族、健康、幸せ……。

鈴木常務 お金より大切なもののためにお金を使うことが、お金のよりよい生かし方になることを忘れずにいてください。自分自身の成長のため、明るい未来のため、世のため人のため、そして自分らしくお金を生かしてくださいね。

小学生たち 今日はありがとうございました。

中村さん 常務、私も勉強になりました。お金のプロとして頑張ります。

クマさん's Comment

本シーンで紹介した小学校の授業でのやりとりは、私が東京都新宿区の小学生向けに行った授業を再現したものです。学習指導要領の改訂で高校から投資信託を教えるようになったそうですが、それ以前に「お金とは何か」という根本的なところを子どもたちに教えなければいけないのではないかという思いがあります。

金融機関はお金を動かすことを仕事にしているというところから始めて、お金についてどのようなイメージを持っているのかを聞くと、いろいろな答えが返ってきます。私は、お金はただの道具にすぎず、それを使う人の鏡だと言います。お金はきわめて便利な道具ですが、その使い方を誤ると危ない道具でもあります。お金が大切だからといって、使わずに貯めておくだけではなんの価値も生みません。お金は動くことで価値を生み出す道具ですから、その使い方が大切なのです。

この点、幸田露伴は『努力論』(岩波文庫、二〇〇一年)で、惜福・分福・植福と言っています。惜福とは、せっかく手に入れた福は大切にし、使い切らないで残したほうがいいということです。分福とは、福を独り占めするのではなく、皆に分けるということです。植福はいちばん難しく、未来のために福を生かすということです。

現在お金が賢い使われ方をして、地方に十分なお金が回っているかというと、私にはそうは思えません。地域金融機関の経営者の方の中には、自分たちのビジネスモデルは地域から預金を集めて外債投資をすることだと公言される方がいますが、これは商業銀行のビジネスモデルではありません。商業銀行の使命は、営業地域でお金を滞りなく循環させることです。

ところで、人はお金を持てば持つほど幸せになるのでしょうか。研究によれば、年収が少ない間は年収にほぼ比例して幸福感もあがりますが、年収が一〇〇〇万円を超えると、年収と幸福の相関関係は見られなくなるそうです。

お金と幸福の関係について、ギリシャ哲学は幸福をヘドニアとユーダイモニアに区別しています。ヘドニアは、お金・物・地位（地位財）を得ることによって生まれる一瞬の幸福です。ユーダイモニアは、心・安全・健康（非地位財）を得ることによって生まれる永続的な幸せです。

ヘドニアには、財を得たとたんにもっと大きな財が欲しくなるという特徴があります。だから、宝くじの賞金額はどんどん大きくなっていくのでしょう。金融市場におけるマネーゲームもこれと同じです。これに対して、最近よく言われるウェルビーイングというのはユーダイモニアのほうを指すのだと思います。

本シーンで鈴木常務の「お金より大切なものはあるでしょうか」という問いに対し、小学生が「友だち」と答えた場面は、授業で私が実際に体験したことです。私は本当にそのとおりだと思って驚きました。個人でも企業でも、本当に大事なものはお金では買えないものです。

福沢諭吉は『学問のすゝめ』（岩波文庫、一九七八年）の中で、独立自尊という言葉を使いました。独立には、経済的独立と精神的独立があります。「一杯目、人、酒を呑み、三杯目、酒、人を呑む」と言われます。お金に呑まれたくはありませ

ん。経済的な自立は大切なことですが、我々は精神的にも自立していたいものです。お金に動かされるのではなく、お金を自分の意思でコントロールするようになりたいのです。自分の人生の主人公はお金ではなく自分なのですから。

あとがき

若い頃は、ハッピーリタイアという言葉を、よい印象で聞いていました。ところがいざこの歳になると、死ぬまで個人として働き続けたいと思うようになりました。そしてそのためには、死ぬまで学び続ける必要があるとも思います。人の心は死ぬまで成長することができるそうです。人生の最後の時が、自分の心が最も成長した時でありたいと願うのは欲張りでしょうか。若い人たちから、老害と呼ばれないためにも、地位や肩書は必要ありません。しかし、自分の人生は死ぬまでリタイアできません。よく老いるということは、案外難しいものです。

本書は、肩書のない私個人として書かせていただきました。

壁打ちは、前書でもお世話になった、浪川攻さんにお願いいたしました。前書以上にご迷惑をおかけしたと思います。本当にありがとうございました。

途中で投げ出そうとする私を、「よい本を作りましょう」と言って叱咤激励し、最後まで導いてくださったのが金融財政事情研究会の花岡部長です。花岡さんなくして、この本はできあがりませんでした。本当に感謝いたします。

序文を快くお引き受けくださった遠藤さん、ちいきん会の皆さん、そしてさまざまな団体でご一緒いただいている仲間の皆さんにも感謝です。これからもよろしくお願いいたします。前書の帯を書いてくださった多胡さんにご覧いただけないのが残念です。

最後に、自宅を空けてばかりいる私をずっと支え続けてくれている妻と家族にお礼を申し上げて、本書のあとがきといたします。

新田　信行

【著者略歴】

新田　信行（にった　のぶゆき）

1956年千葉県生まれ。

1981年に第一勧業銀行（現・みずほ銀行）入行。みずほフィナンシャルグループ与信企画部長を経て、2011年にみずほ銀行常務執行役員。2013年から2020年まで第一勧業信用組合理事長、会長。

現・開智国際大学客員教授、一般社団法人ちいきん会代表理事、認定NPO法人日本ファンドレイジング協会金融機関連携アドバイザー、一般社団法人全国レガシーギフト協会理事、認定NPO法人全国こども食堂支援センター・むすびえ顧問、公益財団法人ちばのWA地域づくり基金顧問等。

愛称は「幸せのクマさん」。

人と絆の金融
――よみがえる金融2.0

2025年4月24日　第1刷発行

著　者　新　田　信　行
発行者　加　藤　一　浩

〒160-8519　東京都新宿区南元町19
発　行　所　**一般社団法人 金融財政事情研究会**
出　版　部　TEL 03(3355)2251　FAX 03(3357)7416
販売受付　TEL 03(3358)2891　FAX 03(3358)0037
URL https://www.kinzai.jp/

DTP：有限会社マーリンクレイン／校正：株式会社友人社／印刷：三松堂株式会社

ISBN978-4-322-14520-5

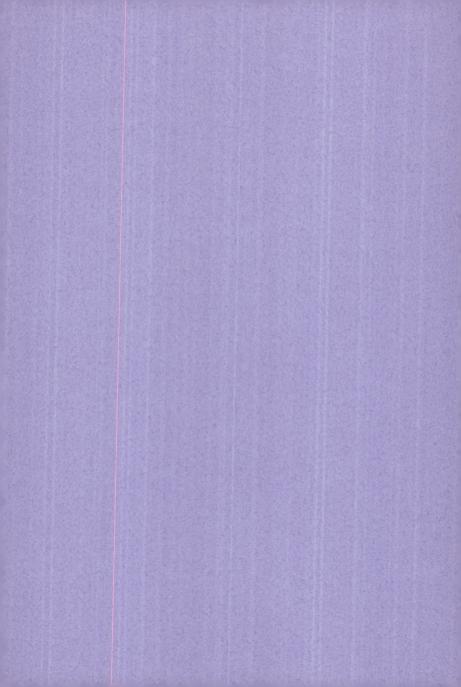